Herstellung und Verlag:
BoD – Books on Demand, Norderstedt
ISBN: 978-3-7322-3951-1

Edie Kramer

Die Schwimmerin,
die nicht mehr wollte

1

Diese bescheuerten Stühle! Ich komme mir vor, als wäre ich hundert!
Franziska stöhnt leise, zieht ihre lang ausgestreckten Beine nacheinander heran und richtet sich auf.
Die Holzstühle und Tische sind nicht für Schülerinnen ihrer Größe gemacht.
Sitzt sie gerade, stößt sie sich die Knie am Tisch an.
Streckt sie die Beine aus, rutscht sie fast von der Sitzfläche.
Sie packt Stifte und Geschichtsheft in ihren abgeschabten, dunkelroten Rucksack.
Blöd, dass ausgerechnet Kunst ausfällt.
Bei Frau Benartz vergeht der Unterricht wie im Flug.
Aber die Kunstlehrerin ist erkrankt, die letzte Unter-

richtseinheit fällt ersatzlos aus.
Franziska schaut auf ihre Armbanduhr.
Ich könnte vor dem Nachmittagstraining für eine Stunde ins Leistungszentrum fahren. Gewichte stemmen. Oder lieber nach Hause ein wenig schlafen?
Die Vorstellung, eine Stunde zu faulenzen, ist verlockend.
Seit drei, vier Wochen kommt sie morgens kaum aus dem Bett. Und obwohl sie abends völlig kaputt ist, schläft sie nicht vor Mitternacht ein.
Sie schaut aus dem Fenster. Die ersten Blätter an den Bäumen leuchten intensiv grün.
Wie schön das aussieht.
„Hallo, Erde an Superfranzi. Lässt du dir gerade eine Goldmedaille um den Hals hängen?" Franziska zuckt zusammen und dreht sich um.
„Kommst du noch mit ins Eiscafé oder musst du gleich wieder deine Bahnen ziehen?" fragt Caro und grinst schief.
„Willst du, dass ich mitkomme? Dann lass das mit dem ewigen Superfranzi, es nervt!"
Franziska ärgert sich über Caro. Und dass man ihrer Stimme das Gekränktsein anhört, ärgert sie noch mehr. Gerade noch hat sie sich über diesen schönen Frühlingstag gefreut.
Caro spielt die Zerknirschte und vergräbt das Gesicht unter dunkelbraunen Lockenmassen. Franziska beneidet Caro um ihre Haarpracht. Für sie kommt das nicht in Frage. Viel zu umständlich.
„Sorry, Sup … ."

Caro lacht verlegen, streicht ihre Haare aus dem Gesicht und legt die Arme um Franziska.
„Komm mit, Franzi. Es ist so schön draußen. Eine Stunde geschenkte Zeit. Tina und Anna kommen auch mit."
Wieso eigentlich nicht, sagt sich Franziska und schüttelt ihren Ärger ab.
Sie möchte am liebsten viel mehr Zeit mit ihrer besten Freundin verbringen. Nicht einmal zu Caros letztem Geburtstag ist sie aufgelaufen. Sie musste bei einem Wettkampf antreten, sonst hätte sie sich nicht für die Landesmeisterschaften qualifizieren können. Caro hatte versucht ihre Enttäuschung herunterzuspielen, aber Franziska kannte ihre Freundin lange genug, um die kleinen Zeichen zu erkennen. Sie vermied dann jeden Augenkontakt und redete nur noch belangloses Zeug.
„Ich komme mit. Vielleicht haben sie schon Stühle rausgestellt, und wir können draußen sitzen."
„Dürfen Grottenolme in die Sonne?"
Franziska tut so, als hätte sie die Bemerkung nicht gehört.

Die Mädchen schlendern schwatzend über den Schulhof und gehen in Richtung „Venezia" durch die Gassen.
Anna ist seit kurzem in einen Jungen aus der Parallelklasse verliebt und redet seit Tagen über nichts anderes. Tim weiß noch nichts von seinem Glück. Anna will ihn auf sich aufmerksam machen, hat aber

keine Ahnung, wie sie es anstellen soll.

„Sag es ihm und fertig", meint Caro.

„Typisch Caro. Damit er gleich vor Angst davon läuft", lautet Annas Kommentar.

„Das bringt doch nichts, wenn du ihn aus der Ferne anschmachtest. Vielleicht hat er schon eine Freundin."

Anna verzieht das Gesicht.

„Oder er interessiert sich nicht für Mädchen", spottet Tina.

„Sag das nicht. Nur weil dein Bruder schwul ist, muss Tim nicht auch schwul sein!" kreischt Anna.

Warum ist sie immer so theatralisch? Und diese grelle Stimme!

Ihr fällt ein, dass ihr Tim öfter mit einer Sporttasche über den Weg läuft.

„Er spielt, glaube ich, Feldhockey. Vielleicht tauchst du mal bei ihm im Sportverein auf und schaust zu?"

„Superidee, Franzi. Kommt eine von euch mit?"

Annas hilfesuchender Blick bleibt an Tina hängen. Caro ist für solche Aktionen nicht zu haben, und Franziska ist praktisch immer im Training.

Tina nickt.

„Der Freund meines Bruders spielt auch in diesem Verein. Ich komme mit, dann fällt es nicht so auf, dass du wegen Tim dort aufkreuzt."

„Ich dachte es geht darum, dass er es mitkriegt", stöhnt Caro.

Franziska gluckst in sich hinein.

Sie weiß genau, dass Caro übertriebenes Getue wegen irgendwelcher Jungs blöd findet. Es geht ihr genauso.

Schon von weitem sieht Franziska die Korbstühle auf der kleinen Terrasse stehen. Erste Besucher löffeln ihre Eisbecher.
Sie wählen einen windgeschützten Tisch vor der efeubewachsenen Backsteinmauer. Weißblühende Hortensien in Kübeln erinnern Franziska an den Garten ihrer Oma.
Wieso blühen die denn jetzt schon? Kommen sicher aus dem Treibhaus. Ist ja auch egal.
Sie streckt ihr Gesicht der Sonne entgegen, schließt die Augen und seufzt.
Wann habe ich das letzte Mal einfach so in der Sonne gesessen, fragt sie sich und weiß keine Antwort darauf.
Anna und Tina tauschen die Plätze. Anna möchte alles im Blick haben. Tina macht es nichts aus, auf die Wand zu schauen. Kaum sitzen sie alle, kramt Anna ihr Schminkset hervor und legt lila Lidschatten auf. Es folgen Rouge und Lippenstift.
„Ihr jungen Dinger seht doch ungeschminkt viel schöner aus!"
imitiert Tina den Tonfall ihrer Mutter und schnappt sich Annas Schminktäschchen.
„Lass die alte Tina auch mal ran."
Ich könnte gar nicht mit dem Lidschattenpinsel umgehen.
Als Roberto an den Tisch kommt, um die Bestellungen aufzunehmen, verfangen sich Tonis und Rober-

tos Blick für einen kurzen Moment. Es durchzuckt sie wie ein Stromstoß.
Schnell schaut sie auf die Eiskarte, dabei weiß sie längst, was sie bestellen will.
Sie hat Roberto ein paar Monate nicht gesehen. Das Eiscafé gehört seinen Eltern, er hilft ab und zu aus. Er geht in die zehnte Klasse und ist ein ziemliches Ass in Mathematik. Sein jüngerer Bruder trainiert in ihrem Verein.
Er sieht verändert aus, stellt Franziska fest. Sein Gesicht ist schmaler geworden, irgendwie kantiger. Er wirkt selbstsicherer, als sie ihn in Erinnerung hat.
Sie spürt ein flaues Gefühl im Magen. Als stünde sie auf dem Startblock, kurz vor dem Startschuss.
„Ciao."
Roberto wischt mit einem karierten Lappen über den Tisch, Franziska scheint es, als zittere seine Hand ein wenig. Schließlich schaut er fragend in die Runde.
„Was nehmt ihr?"
Franziska starrt weiter auf die Eiskarte, als müsse sie alles ablesen, während sie eine Eisschokolade mit zwei Kugeln Vanilleeis und einer großen Portion Sahne bestellt. Sie schaut erst wieder auf, nachdem er ins Café verschwunden ist.
„Was ist los mit dir, wieso bist du so verkrampft? Ist es wegen Roberto?"
Caro stupst Franziska leicht mit dem Ellbogen in die Rippen.
Sie fühlt sich ertappt, zuckt aber bloß mit den Schul-

tern.
Das weinrote Hemd steht ihm gut, tanzt es in ihrem Kopf.
Anna antwortet an ihrer Stelle.
„Für Jungs hat unsere Franzi überhaupt keine Zeit. Sie muss nächstes Jahr deutsche Meisterin werden."
Franziska weiß nicht, was sie mehr ärgert: dass Anna es gar nicht für möglich hält, dass sie ihr Roberto gefallen könnte, oder dass sie sich mal wieder wegen ihres Leistungsschwimmens verteidigen muss.
„Ich muss nicht, ich will deutsche Meisterin im 200 Meter Freistil werden. Und im Moment will ich nur in der Sonne sitzen!"
Sie will sich die Stimmung nicht verderben lassen. Und völlig aus der Luft gegriffen ist Annas Bemerkung eigentlich nicht.
Sie hat kaum Zeit für ihre besten Freundinnen, was sollte sie sich da verlieben?
Im Bruchteil einer Sekunde passiert das angeblich. Das hat sie aus irgendeiner Illustrierten, die sie beim Frisör durchgeblättert hat.
Roberto kommt mit einem vollen Tablett zurück an den Tisch und serviert die üppig dekorierten Eisbecher und Franziskas Eisschokolade.
Er stellt das Glas vor ihr ab, sucht kurz ihren Blick und lächelt.
Das Herz schlägt ihr bis zum Hals. Hastig beugt sie sich nach vorn, greift nach dem Strohhalm und trinkt einen Schluck. Auf keinen Fall will sie sich ihre Verlegenheit anmerken lassen. Gut, dass die ande-

ren mit ihren Eisbechern beschäftigt sind.
Erst als Roberto im Inneren des Cafés verschwunden ist, beruhigt sich ihr Herz wieder.
Ihre Gesichtshaut spannt ein wenig, die Frühlingssonne hat schon Kraft.
Komisch, dass mein Po sich so kalt anfühlt.
Ein kurzer Gedanke nur – sie wird gleich wieder durch Tina abgelenkt.
Wegen eines rosa Oberteils hat Tina heute Morgen mit ihrer Mutter gestritten.
Sie liefert erneut eine perfekte Parodie ihrer Mutter: „Tina, nein, nein, nein! Diesen Pornolook sehe ich mir nicht länger mit an!"
Tina hat das Zeug zur Schauspielerin!
Franziska verschluckt sich vor Lachen fast an der Sahne.
Sie schaut auf die Uhr und erschrickt.
Schon so spät! Ich muss los! Arnulf, ihr Trainer, mag es gar nicht, wenn man zu spät kommt. Sie wollen heute an ihrer Wende arbeiten, da kann sie noch wertvolle Zehntelsekunden rausholen. Die perfekte, geschmeidige Wendung ist ihr nächstes Ziel.
Vor dem Training will sie noch ein Müsli mit Obst essen und schnell die Hausaufgaben erledigen. Danach ist sie viel zu erschöpft, um noch einen klaren Gedanken zu fassen.
Ihre Mutter würde ausflippen, wenn sie mitbekäme, dass sie in der Sonne sitzt und Sahne schleckt.
„Ich muss los, Mädels."
Franziska kramt in ihrem Geldbeutel. Sie überlegt

kurz, ob sie ein Trinkgeld liegenlassen soll, findet das aber peinlich.

Sie legt das Geld passend neben ihr leeres Glas.

Was ist das nur? Ihr Po fühlt sich seltsam kalt und steif an. Dabei ist ihr warm von der Sonne.

„Zahlt mal für mich mit. Die Meisterschaft ruft. Bis morgen."

Sie steht auf und streckt sich. Das unangenehme Gefühl lässt nicht nach.

„Was hast du?" fragt Caro. „Du stehst so merkwürdig."

„Keine Ahnung. Ich hab vermutlich zu lange gesessen. Ich muss ins Wasser – meine Bahnen ziehen. Dann ist das gleich wieder weg."

„Ich ruf dich heute Abend an!"

Caro wirft ihr eine Kusshand zu.

Auf steifen Beinen geht Franziska um die Ecke und reibt sich verstohlen die Pobacken. Sie kommt gar nicht richtig voran.

Als müsse sie gegen einen starken Wind ankämpfen. Das Kältegefühl bleibt, da hilft auch Reiben nichts.

Hoffentlich ist das kein Bandscheibenvorfall!

Sie ahnt, dass es keiner ist.

Beim Schwimmen vergeht das sicher gleich.

Sie setzt ihren Rucksack auf und humpelt los.

Ausgerechnet heute steht ihr Rad zuhause. Ihre Mutter hat sie in der Früh mit dem Auto zur Schule gebracht. Sonst wäre sie zu spät gekommen.

2

Beim Schwimmen wird Franziska die eigenartigen Empfindungen an Po und Oberschenkeln nicht los.
Mit kräftigen Armzügen versucht sie ihre schwache Beinarbeit auszugleichen, aber sie merkt gleich, dass das nicht klappt.
Ihre Beine fühlen sich eiskalt und schwer an, ziehen sie nach unten.
Sie schwimmt mit Mühe eine Bahn zu Ende, als Arnulf ihr vom Startblock her ein Zeichen gibt.
Franziska hält sich am Beckenrand fest, zieht sich hoch und bleibt, mit den Füßen im Wasser, am Rand sitzen.
Arnulf Ratzke, ehemaliger Olympiasieger, ist seit zwei Jahren ihr Trainer.

„Was ist los mit dir, Franzi? Erst kommst du zu spät, und jetzt wälzt du dich wie eine bleierne Ente durchs Wasser.

Ich dachte, du wolltest dir den Titel holen! Deine Zeiten sind grottenschlecht!"

Er setzt sich auf den Startblock und schaut auf seine Stoppuhr. Seine buschigen Augenbrauen sind ein einziger dunkler Balken.

Franziska zieht die Schwimmbrille ab und fährt sich durch die nassen Haare. Beim Training trägt sie keine Schwimmkappe – sie hasst das enge Gefühl am Kopf.

Ihr ist hundeelend. Ihr Po fühlt sich an, als gehöre er nicht zu ihr: die Haut spannt und ist eiskalt. Als hätte sie auf einer Eisscholle gesessen.

Sie greift nach ihrem Talisman – ein Türkis an einer Lederschnur, den sie um den Hals trägt. Der Stein ist ein Geschenk ihrer Mutter. Bei Wettkämpfen bindet sie ihn einem kleinen Plüschschweinchen um, das immer in ihrer Trainingstasche mitreist.

Natürlich will ich Landesmeisterin werden. Was soll die blöde Frage. Bis dahin sind noch zwei Wochen Zeit.

„Ich weiß nicht, was heute los ist. Ich kann nichts dafür. Meine Beine fühlen sich so blöd an. Ich komme einfach nicht voran."

Ihre Stimme klingt weinerlich.

„Mach Schluss für heute. Vielleicht bist du übertrainiert oder es ist eine Mangelerscheinung. Nimmst du deine Magnesium-Tabletten? Isst du genügend Obst und Gemüse?"

Franziska nickt. Darauf achtet ihre Mutter schon.
„Hauptsache, du bist in Düsseldorf auf der Höhe. Nimm ein heißes Bad, lass dich von deiner Mutter massieren. Ab mit dir."
Er klopft ihr auf den Rücken und steht auf. Als er sieht, dass sie Schwierigkeiten mit dem Aufstehen hat, streckt er ihr die Hand hin und zieht sie hoch.
Hinter der aufmunternden Fassade seines Blicks, sieht sie mürrische Skepsis.
„Kopf hoch. Das wird schon wieder."
„Alles klar."
Franziska stakst auf steifen Beinen zu den Duschen. Das warme Wasser tut gut, aber Po und Oberschenkel fühlen sich fremd an.
Auf dem Weg in die Umkleide tritt sie auf ein feuchtes, blutbeflecktes Heftpflaster. Sie schüttelt sich vor Ekel, als sie das klebrige Ding anfassen muss, um es loszuwerden.
Die lauwarmen Pfützen vor den Spinden sind ihr sonst nie aufgefallen.
Sie setzt sich auf die schmale Holzbank, um ihre Jeans anzuziehen.
Habe ich übertrieben trainiert, nicht genug Proteine gegessen?
Jede Menge trübe Gedanken gehen ihr auf dem Weg nach draußen durch den Kopf.
Sie macht ihr Rad los, hebt es aus dem Fahrradständer.
Es gelingt ihr nur mit Mühe, das Bein über die Stange zu schwingen.

Als ihre Mutter um sechs Uhr nach Hause kommt, sitzt Franziska auf dem Sofa und schaut eine dieser Vorabendserien, die sie sonst nie sehen kann.
Sie soll bloß nicht meckern, weil ich vor dem Fernseher sitze!
Aber die Lautstärke, mit der ihre Mutter den Hausschlüssel auf die Kommode im Flur knallt verheißt nichts Gutes.
Vor drei Jahren haben ihre Eltern sich scheiden lassen. Ihre Mutter, die vorher halbtags gearbeitet hat, nahm eine volle Stelle bei einer großen Werbeagentur an. Ihr Job ist aufreibend – sie kommt oft spät nach Hause. In der Werbeagentur stehen einige bekannte Sportler unter Vertrag.
Franziska liebt es, wenn ihre Mutter von den verpatzten Szenen beim Drehen der Werbespots erzählt.
Als deutsche Meisterin würde sie jede Menge Werbeangebote bekommen, prophezeit ihre Mutter immer wieder.
„Wieso sitzt du hier auf dem Sofa und bist nicht im Training?"
Wie ich diesen vorwurfsvollen Ton hasse.
Franziska schießen Tränen in die Augen. Sie atmet tief durch. Es bringt nichts, wenn sie zurückpampt.
„Mein Hintern fühlt sich kalt und komisch an. Ich kann kaum laufen. Arnulf hat mich nach Hause geschickt. Ich soll heiß baden und mich massieren lassen."
Ihre Mutter lässt sich in den Ledersessel fallen und

streift ihre schwarzen Pumps ab.
Sie sieht müde und alt aus, stellt Franziska überrascht fest.
„Ich könnte selbst eine Massage gebrauchen", seufzt sie missmutig und reibt sich den linken Fuß.
Letztes Jahr hat sie einen Massagekurs absolviert. Sie kennt sich mit den neuesten Trainingstheorien aus und achtet auf Franziskas Ernährung. Arnulf ist ihr Trainer, aber ihre Mutter mischt immer mit.
In ihrer aktiven Zeit als Leistungsschwimmerin war sie zweimal Stadtmeisterin, aber es fehlte ihr an Muskelkraft, um international erfolgreich zu sein. Das weiß Franziska von Arnulf. Nach Franziskas Geburt hörte sie mit dem Wettkampfsport auf.
„Ich massiere dich gleich. Du darfst morgen auf keinen Fall dein Training versäumen. Bis Düsseldorf sind es nur noch zwei Wochen."
Das klang nicht mehr ganz so schroff. Franziska atmet erleichtert aus.
„Wann hat das denn angefangen?"
„Nach der Schule. Meine Oberschenkel und Pobacken fühlten sich auf einmal steif und kalt an."
Franziska merkt, wie sie rot anläuft – es ist ihr unangenehm mit ihrer Mutter über ihre Pobacken zu reden.
„Hoffentlich ist das kein Bandscheibenvorfall. Liegt sicher an den schlechten Stühlen in der Schule. Auf jeden Fall musst du deine Rückenmuskulatur auftrainieren."
An den Wochenenden schwimmt Franziska nicht nur

morgens und nachmittags: sie geht zusätzlich für eine Stunde in das vereinseigene Fitnessstudio. Sie trainiert gerne an den Geräten, man konnte sich zwischen den Übungen mit den anderen Mädchen und Jungs unterhalten. Wenn sie in der Halle ihre Bahnen schwammen, war jeder für sich.
„An einen Bandscheibenvorfall habe ich auch gedacht, aber es fühlt sich anders an. Kannst du mir bitte Badewasser einlassen? Ich komme schlecht hoch."
„Übertreibst du nicht ein wenig?"
Die Mutter schaut Franziska abschätzend an und anschließend auf den Bildschirm. Franziska gibt keine Antwort.
Soll sie doch denken, was sie will.
„Also gut. Ich lasse dir ein Rosmarinbad ein und kümmere mich um das Abendessen."
Sie hebt ihre Schuhe vom Teppichboden auf und verlässt den Raum.

Franziska hinkt im Bademantel ins Wohnzimmer. Sie fühlt sich schlecht. Das Baden hat nichts gebracht.
Ihre Mutter steht schon vor der aufgeklappten Massagebank und reibt die Hände aneinander, um sie zu wärmen.
Gerade als Franziska den Bademantel auszieht, klingelt das Telefon.
„Das wird Caro sein", sagt sie und schlüpft wieder in die Ärmel.
Ihre Mutter geht in den Flur, wo das Telefon in seiner

Station weiter klingelt.
„Das passt jetzt nicht. Mach es kurz, damit ich dich massieren kann und du ins Bett kommst!"
Es ist Caro. Die Mutter reicht Franziska mit missbilligender Miene den Hörer und geht in die Küche, lässt die Wohnzimmertür aber geöffnet.
Wieso kann ich nicht endlich wieder ein eigenes Telefon haben, verdammt noch mal? Wo ist das Problem?
Franziska spürt eine heiße Wut in sich hoch kochen.
„Hi, Caro. Ich kann nicht lange reden. Ich habe komisch steife Beine, meine Mutter will mich gerade massieren."
„Das fing schon im Eiscafé an – oder?"
„Ja. Ich konnte gar nicht trainieren. Arnulf hat mich nach Hause geschickt."
Franziska senkt die Stimme und sagt leise:
„Sag bloß nichts vom Eiscafé zu meiner Mutter – falls sie mit dir redet. Das braucht sie nicht zu wissen."
„Alles klar. Arme Franzi. Sicher geht es dir morgen besser."
„Hoffentlich. Mach's gut."
Franziska legt das Telefon beiseite, zieht den Bademantel wieder aus und schiebt sich schwerfällig auf die Massagebank.
„Ich bin fertig mit telefonieren."
„Gleich!" kommt die Antwort aus der Küche.
Franziska schließt die Augen. Sie hört Geschirr klappern, die raschen Schritte ihrer Mutter auf dem Flur, das gewohnte Knarren der Wohnzimmertür, wenn sie geschlossen wird. Das Aufschrauben der Flasche

mit dem Massageöl.

„Was sind das für rote Flecken auf deinem Po?"

„Keine Ahnung. Vielleicht ein Ausschlag vom Chlorwasser?" antwortet sie zögernd.

Plötzlich ist ihr schwindlig.

Ich werde nie wieder einen Wettkampf gewinnen!

Sie versucht den dunklen Gedanken wegzuschieben, sich nur auf die Hände ihrer Mutter zu konzentrieren, die das Arnikaöl auf ihrem Rücken verteilten.

„Sieht nicht wie ein Ausschlag aus. Wenn das die Tage nicht weggeht, musst du zum Arzt!"

Ihre Mutter streicht mit fließenden Bewegungen über ihren Rücken und beginnt die Schultermuskulatur zu kneten.

„Wenn du deinen Job verlieren solltest, kannst du jederzeit ein Sportteam als Masseurin betreuen."

„Mal den Teufel nicht an die Wand! Aber – danke."

Nach der Massage zieht Franziska direkt ihren Schlafanzug an. Sie essen in der Küche. Dann gibt Franziska ihrer Mutter einen flüchtigen Gutenachtkuss und geht ins Bett.

Sie ist hundemüde, fühlt sich krank, will über nichts mehr nachdenken. Morgen früh würde der Wecker um fünf Uhr klingeln.

Von sechs bis halb acht trainiert sie. Danach muss sie sich beeilen, um pünktlich zum Unterricht zu kommen.

Schwerfällig dreht sie sich auf die linke Seite, zieht die Beine an, versucht eine erträgliche Liegeposition zu finden.

Ihr Po fühlt sich falsch an, das obere Bein liegt tonnenschwer auf dem unteren.
Sie schließt die Augen und versucht an etwas Schönes zu denken. Sie wünscht sich die gemeinsame Zeit mit ihrem Vater zurück.
Als Kind hat sie es so sehr geliebt, wenn ihre Zimmertür angelehnt blieb, sie bei leiser Musik und vertrautem Gemurmel einschlief.
Ihr Vater war wieder verheiratet. Mit Lisa. Sie musste ihre Träume vom gemeinsamen Leben endgültig begraben.
Sie verbringt einmal im Monat das Wochenende bei ihm, sie gehen jede Woche zu zweit Essen oder ins Kino. Sie mochte Lisa, aber lieber war sie mit ihm alleine.
Er ist nicht begeistert, dass sie Leistungssport treibt, aber er respektiert ihre Entscheidung. Den Ehrgeiz ihrer Mutter, aus ihr einen Schwimmstar zu machen, betrachtet er skeptisch.
Sie seufzt und dreht sich mühsam zurück auf die rechte Seite, denkt an die Hortensienkübel, die sonnenbeschienenen Korbstühle im Eiscafé. Roberto. Ihr Herz macht einen Satz.
Bestimmt sehe ich ihn in Düsseldorf, er wird seinen Bruder anfeuern wollen.

3

Franziska steht im Unterhemd – mit nacktem Po vor dem Flurspiegel und versucht sich von hinten zu betrachten.
Die roten Flecken sind fast verschwunden, aber die Haut an Po und Oberschenkeln sieht unnatürlich blass aus.
Wie tot, schießt es ihr durch den Kopf. Ihr ist übel.
Seit fünf Tagen quält sie dieses Kältegefühl. Die Haut spannt so stark, dass sie kaum laufen kann.
Ihre Schwimmzeiten werden täglich schlechter.
Gestern Abend hat Arnulf ihre Mutter angerufen und gemeint, dass aus der Teilnahme an der Meisterschaft nichts würde.
Richtig ausgeflippt ist ihre Mutter nach dem Tele-

fonat:
Sie müsse intensiver trainieren, ihren Rücken kräftigen.
Aber ihr schwerfälliges Gehen, diese plötzliche Schwäche, das kam nicht vom Rücken. Franziska ist sich sicher. Die ekelhaft fahle Haut passt auch nicht ins Bild.
„Bist du eigentlich total blöd, dass du noch weiter trainierst?" hat Caro sie an diesem Morgen in der Schule gefragt.
Caro verstand das nicht, was wusste sie schon vom Leistungsschwimmen. Wie toll das ist, schneller als die anderen zu sein, Pokale zu gewinnen, bei der Siegerehrung auf dem Podest zu stehen, bewundert zu werden.
Für den Nachmittag war ein Termin bei Dr. Ritter, ihrem Hausarzt, vereinbart.
Franziska schlurft auf steifen Beinen in ihr Zimmer, um sich anzuziehen. Ihr Blick fällt auf das Regal mit den Pokalen.
Das vertraute Gefühl, dass die Pokale sie beschützen, es ist verschwunden.
Eine weite Hose liegt bereit, damit sie beim Arzt nicht so lange braucht sich auszuziehen. Sie setzt sich aufs Bett und quält sich unter Mühen in Strümpfe und Hose.
Immer – immer konnte ich mich im Stehen anziehen.
Wenigstens fahren wir mit dem Auto. Ich bin jetzt schon völlig erledigt.
Ihr ist zum Heulen zumute.

„Was ist los mit meiner Tochter? Herr Doktor Ritter, sie muss nächsten Sonntag fit sein für die Landesmeisterschaften in Düsseldorf! Sie müssen etwas tun! Geben Sie ihr eine Spritze, damit sie wieder richtig trainieren kann!"
Franziska hört die schneidende Stimme ihrer Mutter durch die Kabinentür. Sie zieht sich langsam wieder an. Es ist ihr unangenehm, dass ihre Mutter dem armen Doktor so zusetzt.
Dr. Ritter hat ihr auf die Untersuchungsbank helfen wollen, ihr, der Sportlerin. Am liebsten wäre sie im Boden versunken. Er prüfte ihre Reflexe, hob ihre Beine gestreckt an und senkte sie wieder ab.
„Ein Bandscheibenvorfall ist das nicht", verkündete er schließlich nach den Tests. Das war ihr sowieso klar.
Dann musste sie sich auf den Bauch legen, und er betastete ihren Wasserleichenhintern. Noch nie hat sie sich so geschämt. Sie wünschte sich ans Ende der Welt.
Franziska geht ins Sprechzimmer zurück und setzt sich schwerfällig neben ihre Mutter auf einen Polsterstuhl.
„Ich fürchte, so einfach ist das alles nicht", setzt Dr. Ritter an.
Er fährt sich nervös durch seine kurzen grauen Haare und streicht seinen makellosen Kittel glatt.
Er hat Schiss vor meiner Mutter. Er tut mir leid.
Vor einem Jahr, als sie tatsächlich Probleme mit dem

Rücken hatte, waren ein paar Spritzen die Lösung.
„Was soll das heißen, Doktor? Sie wissen doch, wie wichtig Franziska die Landesmeisterschaften sind. Sie sind ein Meilenstein auf dem Weg zu den Deutschen Meisterschaften im nächsten Jahr. Also tun Sie etwas, ich bitte Sie!"
Die Stimme ihrer Mutter überschlägt sich fast. Nach einer Bitte klingt das nicht. Sie wünschte sich auch, Dr. Ritter würde ihr eine Spritze verpassen, und alles wäre paletti.
Sie will den Titel, wie nichts sonst auf der Welt, aber wie soll sie mit diesen steifen Muskeln eine Spitzenzeit schwimmen?
Dr. Ritter zieht ein blütenweißes Stofftaschentuch aus seiner Brusttasche und tupft sich die Stirn ab.
„Bitte, Frau Beckers, beruhigen Sie sich. Ich tue alles, was in meiner Macht steht. Ich kann Franziska eine Aufbauspritze geben, aber das wird nichts bringen. Die fahle Haut an Franziskas Gesäß und Oberschenkeln gefällt mir nicht. Die Haut scheint verdickt zu sein. Ich empfehle Ihnen die Konsultation einer Kollegin. Einer Dermatologin. Frau Dr. Mackenroth ist Spezialistin für Hauterkrankungen an der Universitätsklinik. Außerdem ist sie Psychologin."
„Wie bitte! Meine Tochter braucht keine Psychotante! Sie … ."
„Mama, bitte."
Franziska legt eine Hand auf den Arm ihrer Mutter, ein matter Versuch sie zu beruhigen.
„Lass mich."

Ihre Mutter steht auf. Sie ist völlig aufgebracht, ihr Gesicht hektisch gerötet.
„Komm, Franzi. Wir verlieren hier nur unsere Zeit."
Franziska schaut hilflos zu Dr. Ritter. Sie mag ihn. Er ist ein großer Schwimmsportfan. Der Auftritt ihrer Mutter ist ihr peinlich. Sie nickt Dr. Ritter zum Abschied zu und hinkt widerwillig hinter ihr her.
Beim Treppegehen muss sie sich am Geländer festhalten. Ihr Po fühlt sich an, als wäre die Haut geschrumpft. Dazu das ständige Kältegefühl.
Franziskas Mutter stürmt wütend die Treppe hinunter.
„Ich fahre dich jetzt zum Training. Dr. Mackenroth! Hat sicher selbst ´ne Macke. So eine Unverschämtheit. Ich frage Arnulf gleich, ob er einen guten Sportarzt kennt. Du musst dich jetzt einfach zusammenreißen. Mal auf die Zähne beißen. Nach Düsseldorf kannst du ausspannen. In Ordnung?"
Sie bleibt stehen und schaut sich nach Franziska um.
Franziska nickt mechanisch. Sie findet zwar, dass sie schon die ganze Zeit auf die Zähne beißt, aber diese eine Woche kann sie auch noch durchhalten. Nur: Ihre Zeiten sind nicht gut genug für den Titel.
Monatelang verschärftes Training und jetzt das! Es ist so verdammt ungerecht.
Sie kämpft mit den Tränen.

Auf der Straße erwartet sie strahlender Sonnenschein.
Schade, dass wir immer in der Halle trainieren!

„Vielleicht solltest du deinen Hintern mal von der Sonne bescheinen lassen!" hat Caro gestern im Spaß gesagt.
Sie wünschte, es wäre so einfach.
„Heute Abend holt mich Papa vom Training ab. Wir gehen Pizza essen", erinnert Franziska ihre Mutter, als sie im Auto sitzen.
„Pizza, immer Pizza. Das ist doch kein Essen. Nimm bitte noch eine Vitamintablette zusätzlich, und bestell dir wenigstens einen Salat. Und nichts Süßes, hörst du mich? Vor allem kein Tiramisu, da ist oft Alkohol drin. Und massenhaft Zucker und Fett!"
Franziska seufzt. Sie kennt diese Litanei in- und auswendig. Als würde sie jeden Tag Pizza essen. Und eimerweise Tiramisu in sich reinstopfen.
„Ja, Mama. Mach ich."
„Ich habe heute Abend noch einen Termin. Spätestens um halb neun Uhr bist du im Bett – sonst kommst du morgen früh wieder nicht raus!"
Der Wutausbruch ihrer Mutter ist verebbt. Sie war bei den üblichen Verhaltensvorschriften angekommen.
„Ja, Mama. Alles klar."
Am Sportzentrum der Universität angekommen sieht ihre Mutter zum wiederholten Mal auf die Uhr. Wegen der verstopften Straßen konnten sie nur im Schneckentempo fahren.
„Schon so spät", stöhnt sie.
„Ich kann nicht mit reinkommen. Ich werde Arnulf heute oder morgen anrufen. Wegen des Sportarztes.

Also: Streng dich an, meine zukünftige Landesmeisterin. Du schaffst es. Tschüs. Vergiss deine Tabletten nicht."

Franziska registriert ein aufmunterndes Lächeln, erwidert es matt und öffnet die Autotür.

„Tschüs, Mami. Bis morgen früh dann."

Franziska dreht sich auf dem Sitz nach rechts, stellt ihre Beine nacheinander auf das Pflaster und zieht sich hoch.

Wie Omi, denkt sie, greift nach ihrer Sporttasche und schlurft Richtung Eingang.

4

Nach dem Training ist Franziskas Stimmung an einem Tiefpunkt angelangt. Sie glaubt, dass es ihr schlechter nicht gehen könne.
Sie steht auf dem Parkplatz hinter dem Hallenbad und hält nach dem dunkelblauen Wagen ihres Vaters Ausschau.
Es ist noch zu früh.
Sie setzt sich auf ein Mäuerchen, von dem aus sie die Zufahrt überblicken kann. Sie fühlt sich so schlapp, dass sie sich am liebsten hinter den Büschen ins Gras legen würde.
Unter der Dusche hat sie vorhin vor Enttäuschung geheult.
Arnulf hat sie nach vier Bahnen aus dem Wasser ge-

holt und in den Kraftraum geschickt. Sie solle wenigstens Rücken, Arme und Beine kräftigen, wenn sie im Wasser nicht vorwärts käme. Sein Blick sagte ihr, dass sie sich Düsseldorf abschminken könne.
Es war ihr völlig klar: Wenn sie weiter so schlecht bliebe, würde sie sich gar nicht für die Deutschen Meisterschaften qualifizieren können. Dabei gab sie ihr Bestes, trotz der Schmerzen.
In ihren Tagträumen steht sie auf dem Podest zwischen zwei anderen Mädchen, sie hält die schimmernde Medaille mit einer Hand zu den Kameras hin.
Ständig soll ich meine Rückenmuskeln trainieren. Ich will an Schwimmmeisterschaften teilnehmen und nicht als Gewichtheberin antreten! Dem blöden Arnulf fällt auch nichts Besseres ein!

Als Franziska das Auto ihres Vaters auf den Parkplatz einbiegen sieht, stemmt sie sich hoch und winkt ihm zu.
Er bremst direkt neben ihr, beugt sich zur Beifahrerseite hinüber und öffnet die Tür. Franziska hievt sich schwerfällig auf den Sitz.
„Was ist passiert? Du wartest auf mich, wo ich sonst immer auf dich warten muss? Hast du Muskelkater oder wieso bewegst du dich so eckig?"
Ihr Vater gibt ihr einen flüchtigen Kuss auf die Wange. Sie spürt einen Kloß im Hals. Als sie versucht etwas zu sagen, bricht sie in Tränen aus.
„Ziska, was ist denn? Hast du Ärger mit dem Ratzke?"

Franziska hört ihren Kosenamen und beginnt noch heftiger zu weinen. Das weiche, vertraute Ziska, es klingt so nach Kindheit.

Erschrocken macht ihr Vater den Motor aus und streicht ihr unbeholfen die blonden Ponyfransen aus der Stirn. Sie liebt seine kräftigen, quadratischen Hände. Seine Handflächen fühlen sich weich an. Sie wünscht sich, noch mal ein kleines Mädchen zu sein.

Es tut gut zu weinen.

Nach einer Weile holt er eine Packung Papiertaschentücher aus dem Handschuhfach und reicht ihr eins. Sie wischt sich die Augen, schnaubt kräftig ins Taschentuch und seufzt.

„Geht es wieder?"

Sie nickt.

„Erzählst du mir was los ist, wenn wir beim Italiener sind? Oder möchtest du woanders hin?"

„Nein, nein."

Soll ich ihm alles erzählen? Ich kenne doch seine Meinung. Leistungssport ist Mist. Arnulf mag er nicht besonders. Trainern traut er sowieso nicht. Von wegen Doping oder Grapschereien. Nur meine Begeisterung fürs Schwimmen akzeptiert er. Solange die Schule nicht zu kurz kommt.

Nach der Scheidung wollte ihre Mutter sie nach Heidelberg auf ein Sportinternat schicken, aber da machte er nicht mit. Franziska war erst sauer auf ihn, aber hinterher war sie froh, dass sie sich nicht von ihren Freundinnen trennen musste.

Ihr Vater lässt den Motor an und fährt in Richtung Innenstadt. Es ist nicht viel Verkehr. Franziska lehnt

sich zurück und betrachtet die abendliche Stadt.
Es wäre schön, die ganze Nacht durch zu fahren und am Morgen irgendwo im Süden Croissants zu essen.
Das zerknüllte Papiertaschentuch hält sie fest in der linken Hand.
Während der zwanzigminütigen Autofahrt plaudert ihr Vater über Belangloses. Er hat immer irgendwelche Geschichten von seiner Arbeit auf Lager. Er ist Bademeister in einem großen städtischen Frei- und Hallenbad, da passiert ständig etwas. Ihre Eltern sind sich im Hallenbad zum ersten Mal begegnet. Ihre Mutter schwamm täglich ihre Bahnen, er bewunderte sie monatelang vom Beckenrand aus – bis er allen Mut zusammennahm und sie ansprach.
Diese Woche haben sich zwei Badegäste geprügelt, weil sie sich beim Bahnenschwimmen in die Quere gekommen waren. Jeder behauptete, der andere wäre schuld. Ihr Vater musste ins Wasser springen um die Streithähne auseinander zu bringen. Dabei landete eine Faust auf seiner Nase. Das Ganze würde ein gerichtliches Nachspiel haben.

„Haben die Herrschaften gewählt?"
Der Kellner schaut fragend von Vater zu Tochter und entfernt ein paar Brotkrümel vom Tisch.
„Einmal Pizza Rucola und einmal Pizza Margherita, bitte. Einen großen Salat und eine Flasche Mineralwasser."
„Sehr gerne."
Der Kellner verschwindet in Richtung Küche.

„So, Ziska, jetzt erzähl mal, was mit dir los ist. Und dann muss ich dir auch noch etwas Wichtiges sagen."

Sie hat sich schon sowas gedacht. Er wirkt so betont munter.

Als Franziska ihm ihre Beschwerden schildert, schießen ihr schon wieder Tränen in die Augen. Sie beschreibt ihren Besuch bei Dr. Ritter und beklagt sich, dass Arnulf ihr ständig Vorhaltungen wegen ihrer schlechten Zeiten macht.

„Ich ertrage seinen vorwurfsvollen Blick nicht mehr. Als wäre alles meine Schuld. Aber ich kann doch nichts dafür! Er will nicht hören, dass ich Schmerzen habe. Und mein Hintern sieht aus wie der einer Mumie!" empört sie sich.

Ausgerechnet in diesem Moment kommt der Kellner mit den Pizzen.

Franziska wird über und über rot.

Geht es noch peinlicher? Am liebsten würde ich mich unterm Tisch verkriechen.

Der Kellner serviert das Essen, tut so, als hätte er nichts gehört und entfernt sich wieder.

„Ziska, wieso hast du nicht mal angerufen? Du gehst Tag für Tag weiter ins Training als wäre nichts? Ich bewundere deinen Ehrgeiz, dass du so tapfer bist, aber deine Gesundheit ist wichtiger als irgendwelche Meisterschaften! Und deine Mutter... ."

Er bricht ab und fährt sich durch die graublonden Locken. Franziska weiß, was er sagen will. Dass ihre Mutter vor lauter Ehrgeiz und dem Wunsch, dass ihre Tochter das erreicht, was ihr selbst nicht möglich war, nicht sehen will, dass etwas nicht stimmt.

„Entschuldige, Franziska. Ich weiß, wir hatten vereinbart, dass ich nicht über deine Mutter urteile. Aber ich bin so wütend. Ich möchte, dass du auf jeden Fall zu dieser Ärztin gehst. Ich gehe gerne mit, wenn du willst. Ich werde das telefonisch mit deiner Mutter klären. Es kommt überhaupt nicht in Frage, dass du fit gespritzt wirst, um in Düsseldorf antreten zu können. Du bist ein Riesentalent, aber die Gesundheit ist wichtiger. Du kannst ja kaum laufen!"

Sie schweigen.

Franziska säbelt ein Stück Pizza ab, nimmt es in die Hand und beißt ab. Der Teigboden ist zu hart und scheuert an ihrem Gaumen.

Ihre innere Stimme dröhnt: Düsseldorf kannst du vergessen! Du musst ins Krankenhaus! „Papa, ich habe Angst, dass ich ins Krankenhaus muss und diese Frau Dr. Mackenroth tausend Untersuchungen mit mir macht."

Er legt sein Besteck beiseite und streichelt sanft über ihre Hand.

Nach einem kurzen Seufzen setzt er ein zuversichtliches Gesicht auf.

„Kann schon sein, dass du für ein paar Untersuchungen ins Krankenhaus musst. Manchmal muss es eben sein. Ich mag Krankenhäuser auch nicht. Warten wir erst mal ab. Vielleicht brauchst du nur ein wenig Ruhe. Mal ein paar Wochen Trainingspause. Vielleicht

verträgst du das Chlorwasser nicht mehr?"
Franziska weiß, dass er sie aufmuntern will. Sie lächelt gequält.
„Dann wäre die Haut am gesamten Körper betroffen und nicht nur an Po und Oberschenkeln oder nicht?"
Sie schiebt den Pizzateller beiseite. Sie hat die steinharten Ränder liegen lassen.
„Sollen wir uns noch ein Tiramisu bestellen?"
Franziska nickt.
Er winkt dem Kellner, bestellt außer dem Dessert noch einen Espresso für sich.
„Ich werde mit deiner Mutter wegen eines Termins bei dieser Ärztin reden, dann sehen wir weiter. Kopf hoch, Ziska. Du wirst bald fünfzehn, es wird dich auch mal was anderes interessieren als Schwimmen."
Franziska sieht sich sofort im Eiscafé sitzen. Roberto in seinem weinroten Hemd lächelt sie an. Eine Hitzewelle steigt in ihr hoch.
Schnell nimmt sie die Serviette vom Tisch und wischt sich den Mund.
Der Kellner bringt das Tiramisu und den Kaffee.
„So, Themenwechsel. Ich weiß es auch erst seit ein paar Tagen."
Ihr Vater räuspert sich.
„Lisa ist schwanger. Du wirst eine kleine Schwester bekommen."
Er rührt und rührt in seinem Espresso, starrt auf die kleine weiße Tasse.
Franziska verschluckt sich an einem Löffel Tiramisu.
Er wird mit seiner neuen Frau noch mal ein kleines

Mädchen haben? Mit 45? Lisa war Ende dreißig.
Ich bin deine Ziska, du hast schon eine Tochter, ich will keine Schwester!
Tränen laufen ihr übers Gesicht. Am liebsten würde sie ihm das Tiramisu ins Gesicht schmieren.
Als er nach ihrer Hand greifen will, schlägt sie nach ihm.
„Lass mich."
„Ziska, Kleines. Du bist und bleibst meine Ziska. Ich hätte nicht erwartet, dass es so ein Schock für dich ist. Lisa wollte unbedingt ein Kind."
„Und du? Du wohl nicht? Ich dachte, da gehören zwei dazu!" schnauzt Franziska ihren Vater an.
„Stimmt. Ich sollte mich nicht hinter Lisa verstecken. Es ist nicht einfach so passiert. Du weißt, was ich meine. Anfangs wollte ich nicht, nicht noch mal so einen kleinen Schreihals."
Er verdreht die Augen, versucht Franziska zum Lachen zu bringen. Der Versuch misslingt gründlich, macht sie noch wütender.
„Aber jetzt freue ich mich. Und was dich betrifft, da wird sich nichts ändern. Wir werden uns sehen, gemeinsam in Urlaub fahren, du kannst bei uns sein, so oft du willst."
Er zupft an der Tischdecke herum.
„Ich hätte gerne noch ein Kind gemeinsam mit deiner Mutter gehabt, aber es ist nicht mehr dazu gekommen. Bitte, Ziska, sei nicht so wütend."
Franziska kämpft mit den Tränen und der Wut.
Er hat ja recht: Ihre Mutter hatte ihn sitzenlassen.

Wegen eines aalglatten Münchner Geschäftsmannes. Das war bald wieder auseinandergegangen.

Franziska weint Heinz keine Träne nach. Sie sieht ihn vor sich, wie er mit dem Zeigefinger auf die Tischplatte pocht, mit seinen Geschäftsabschlüssen prahlt. Wie hat ihre Mutter sich in so einen schmierigen Typen verlieben können? Ihr Vater ist klug, sieht gut aus, ist charmant. Und er schweißt wunderschöne Mobiles aus Metallschrott.

„Lass uns nach Hause fahren. Schlaf erst mal drüber. Vielleicht kannst du dich an den Gedanken gewöhnen, eine kleine Schwester zu bekommen. Ich würde mich freuen und Lisa auch. Bitte sag deiner Mutter noch nichts davon, das möchte ich selbst tun. Ich rufe sie an, wegen des Termins bei der Ärztin. Wir gehen zusammen hin. Ich kann meinen Dienst tauschen, wenn es sein muss."

Er gibt dem Kellner ein Zeichen und verlangt die Rechnung.

Beim Aufstehen muss Franziska sich am Tisch hochziehen. Sofort ist die Angst wieder da.

Wann hört das endlich auf?

Ihr Vater bietet ihr seinen Arm an, sie schüttelt den Kopf. Sie will es alleine zum Auto schaffen.

Zehn Minuten später halten sie vor ihrer Haustür.

Ihr Vater beugt sich zu ihr rüber und gibt ihr einen Kuss.

„Setz mit dem Training aus, bis wir den Termin hinter uns haben. Bitte, Ziska. Ich kann deine Humpelei kaum mit ansehen. Vielleicht ist es nichts Ernstes

und du bist schnell wieder fit. Gute Nacht, Kleines."
Er springt aus dem Auto, läuft um den Wagen herum, um ihr aus dem Auto zu helfen. Diesmal lässt sie es geschehen.
„Gute Nacht."
Ihre Stimme klingt schroffer als beabsichtigt, aber es ist ihr egal.
„Schlaf schön."
Er steigt ein und winkt zum Abschied. Franziska hebt kurz die Hand und schließt die Haustür auf.
Die Wohnungstür ist abgeschlossen, ihre Mutter ist noch nicht zurück. Das ist ihr nur recht – ihre Mutter spürte immer sofort, wenn sie ihr etwas verschwieg.
Sie will nur noch schlafen und am besten gar nicht mehr aufwachen.

5

„Früher habe ich mir immer eine kleine Schwester oder einen Bruder gewünscht. War aber nichts. Jetzt kriege ich plötzlich eine Halbschwester. Mein Vater spielt auf seine alten Tage noch mal Papi. Da darf ich gar nicht drüber nachdenken."
Franziska gibt sich Caro gegenüber lässiger als sie tatsächlich ist.
Sie haben fünf Minuten Zwischenpause.
„So alt ist dein Vater gar nicht. Schau dir die Promiblättchen an. Viele ältere Schauspieler kriegen noch mal Babys. Clooney zum Beispiel. Und Charlie Chaplin ist mit achtzig zum letzten Mal Vater geworden. Das habe ich vor kurzem gelesen. Vielleicht wird sie ganz niedlich. Ich hätte verdammt gerne eine kleine

Schwester."

Franziska muss wider Willen lachen – Caro streitet sich ständig mit ihren drei Brüdern.

„Mein Vater ist aber kein Promi. Meine Mutter ist völlig ausgetickt, als er ihr die Neuigkeit am Telefon gesteckt hat. Aber noch wütender wurde sie, als er darauf bestand zu dieser Spezialistin zu gehen. Es dauerte eine Weile bis sie sich wieder eingekriegt hat. Morgen gehen wir zu dritt in die Uniklinik. Wird sicher ein peinlicher Auftritt. Ich darf allen wieder den Hintern präsentieren. Allmählich kriege ich Routine."

Caro kichert, aber als sie Franzis Gesicht sieht ist ihr sofort klar, dass ihre Freundin total angefressen ist.

„Hast du Angst vor diesem Termin?" fragt Caro zaghaft.

„Was glaubst du denn? Denkst du, dass sie mir eine Salbe verschreibt, und alles wird gut? Ich habe Angst, dass ich ins Krankenhaus muss! Das wäre noch schlimmer, als nicht in Düsseldorf anzutreten. Und das ist schon die Hölle für mich."

Und wieder kämpft sie mit den Tränen.

Ständig bin ich am Flennen. Bin ich das überhaupt noch?

„Ach Franzi. Warte erst mal ab. Vielleicht bekommst du Bestrahlungen für deinen, du weißt schon, und kannst bald wieder richtig laufen. Meinetwegen auch schwimmen."

Caro legt den Arm um Franziska, sie muss sich dafür ein wenig strecken.

„Und wenn nicht?" seufzt Franziska leise.

„Dann besuche ich dich im Krankenhaus und berichte dir jede Kleinigkeit. Von der Schule, von Annas unglaublicher Begeisterung für Feldhockey. Jeden Tag. Das verspreche ich dir."
Franziska wischt die Tränen weg, atmet heftig aus und lächelt Caro tapfer an.
„Bringst du mir Süßkram mit?"
„Klar doch. Das volle Programm."

6

Franziska mag Frau Dr. Mackenroth vom ersten Moment an. Um sie herum ist Wärme und eine große Gelassenheit.
Sie ist um die sechzig, hat kurze, graue Haare und dunkelbraune Augen. Normalerweise findet Franziska lila Seidenblusen und Perlenketten grauenhaft, aber an Frau Dr. Mackenroth kann sie sich nichts Besseres vorstellen.
Sie trägt ihren weißen Kittel offen und begrüßt Franziska und ihre Eltern mit einem herzlichen Händedruck.
„Bitte nehmen Sie Platz."
Ihre Stimme klingt sanft, aber bestimmt.
Sie deutet auf eine kleine Sitzgruppe, die gar nicht

nach nüchternem Untersuchungszimmer aussieht. Franziska setzt sich zwischen ihre Eltern.

Kaum sitzt ihre Mutter auf der Sesselkante, schon legt sie los:

„Frau Dr. Mackenroth, ich mache mir große Sorgen um meine Tochter. Sie ist eine talentierte Schwimmerin, sie hat Wettkämpfe vor sich, ich möchte, dass Sie Franziska wieder hinkriegen. Das ist die Hauptsache: dass sie so bald wie möglich wieder schwimmen kann."

„Manuela, bitte."

Franziskas Vater versucht, den Redeschwall seiner Exfrau zu stoppen.

„Lass mich ausreden. Ich spreche da auch für meine Tochter. Das Schwimmen ist ihr ein und alles. Sie ist Stadtmeisterin, sie hat ihren Titel als Landesmeisterin zu verteidigen, und sie hat das Zeug dazu, im nächsten Jahr deutsche Meisterin zu werden!"

Franziska starrt auf ihre Schuhe und wünscht sich weit weg.

Ja, das stimmt ja alles, aber muss sie so peinlich sein?

Die Ärztin reagiert völlig entspannt:

„Zunächst muss ich Franziska untersuchen, bevor ich mich weitergehend äußern kann. Wie ich sehen konnte, fällt dir das Gehen schwer, da wird das Schwimmen nicht einfacher sein, oder?"

„Ich komme mir vor, als wäre ich in einem Panzer gefangen", antwortet Franziska leise.

„Manchmal spricht der Körper eine andere Sprache als unser Verstand. Wir wollen etwas erreichen, aber der Körper braucht vielleicht eine Ruhephase. Und dann sucht er sich einen Weg, um dies durchzusetzen."

„Das ist unmöglich! Eine Trainingspause kommt gar nicht in Frage!"

Franziskas Mutter springt auf. Ihr Gesicht ist puterrot.

„Bitte, beruhigen Sie sich, Frau Beckers. Es könnte sein, dass eine Ruhepause nötig ist, aber erst steht die Untersuchung an. Vielleicht lassen Sie mich jetzt mit Franziska alleine. Ich rufe Sie anschließend wieder herein, und wir besprechen dann alles Weitere."

Frau Dr. Mackenroth ist aufgestanden. Sie geht zur Tür und öffnet sie weit. Franziska würde am liebsten im Boden versinken. Dass ihre Mutter immer so explodieren muss. Und gleich darf sie wieder ihren Hintern zeigen. Ihr Vater lächelt ihr zu, als er das Sprechzimmer verlässt.

„Bis gleich, Kleines", murmelt er, dann wird die Tür hinter ihren Eltern geschlossen.

Franziska ist erleichtert, dass Frau Dr. Mackenroth kein Wort über die unangenehme Szene verliert.

„So, Franziska. Du weißt, was jetzt kommt. Kannst du dich alleine ausziehen, oder brauchst du Hilfe?"

„Das geht schon."

Franziska schleppt sich hinter einen Wandschirm, zieht langsam Schuhe, Strümpfe und Hose aus. Sie ist es gewohnt, sich mehrfach täglich an- und auszuziehen, aber inzwischen sind die vertrauten Handgriffe Schwerstarbeit.

„Deinen Pulli kannst du erst mal anlassen. Leg dich bitte hier auf die Untersuchungsliege."

Franziska schiebt sich auf die Liege und schließt die Augen.

Sie spürt die tastenden Finger der Ärztin auf ihrem Po und ihren Oberschenkeln. Sie glaubt, einen Seufzer zu hören.

„Seit wann hast du diese Hautveränderung?"

Die Stimme von Frau Dr. Mackenroth klingt sehr weich.

„Vor über einer Woche."

Franziska schluckt schwer und atmet aus, fürchtet in Tränen auszubrechen Aber es gelingt ihr, die zurechtgelegten Sätze abzuspulen.

„Die Gesäßmuskeln fühlten sich plötzlich kalt und steif an, und ich konnte mich nicht mehr richtig bewegen. Die Haut bekam erst rote Flecken, aber seit ein paar Tagen sieht sie so merkwürdig leblos aus und spannt."

„Ja. Deine Dermis, also deine Oberhaut, ist stark verdickt. Deshalb ist die Beweglichkeit eingeschränkt. Du kannst dich wieder anziehen, Franziska. Ich muss dir sagen, dass ich dich hierbehalten möchte, um ein paar Untersuchungen machen zu lassen."

Franziska setzt sich auf.

Krankenhaus, schreit es ihn ihrem Kopf. Am liebsten würde sie sich auf den Boden werfen und wie ein Baby um sich schlagen.

„Ich fürchte, du musst eine Zeitlang auf das Schwimmen verzichten."

„Eine Zeitlang? Was ist mit mir?"
„Lass uns das gemeinsam mit deinen Eltern besprechen. Zunächst muss eine Gewebeprobe die Diagnose bestätigen."
Franziska hinkt zum Wandschirm und zieht sich wieder an. Ihr Herz rast vor Angst. Es pocht in den Ohren.
Es ist was Schlimmes, ich wusste es.
Dann sitzen sie wieder auf den grünen Cordsesseln. Frau Dr. Mackenroth räuspert sich und beginnt mit ihren Erläuterungen.
„Es handelt sich um eine Sklerose, also um eine Verhärtung der Gesäßbacken und der Oberschenkelmuskulatur. Das heißt, dass sich die Oberhaut verdickt und sich das elastische Gewebe verkürzt. Dadurch entstehen Probleme beim Gehen."
Sie schaut zu Franziska hin.
„Franziska hat das ganz richtig beschrieben, als sie von einem Panzer sprach. Der Begriff Sklerodermie kommt aus dem Griechischen und bedeutet „harte Haut"."
Franziska bemerkt, dass ihr Vater das Gesicht in den Händen vergräbt. Ihre Mutter wirkt fassungslos, knetet den Bügel ihrer Handtasche.
Sie kommt sich vor wie in einem Film, als ginge es gar nicht um sie.
Ihr Blick bleibt an einem gerahmten Poster hängen. Das Bild rührt etwas in ihr an. Es gibt rechteckige Flächen in Gelb und Rot, gut erkennbar eine Kinderfigur.

Es könnte ein Mädchen sein, denkt sie. Auf dem Kopf der Figur befindet sich ein Haus, oder war es eine Kirche, mit einem blauen Dach?

Wer malt denn sowas?

"Wie wird das behandelt? Wie lange dauert das?" fragt ihre Mutter gerade die Ärztin.

"Das lässt sich so pauschal nicht beantworten. Bei Sklerodermie kommt es immer wieder zu Spontanheilungen. Es ist wichtig, die Haut geschmeidig zu halten…"

"Also kann sie weiter trainieren?"

Ihre Mutter hört sich fast triumphierend an, findet Franziska.

"Nein, das habe ich nicht gemeint. Da die Erkrankung sich vermutlich im Anfangsstadium befindet benötigt ihre Tochter eine angemessene Therapie und Ruhe. Das ist absolut entscheidend für die Prognose, das heißt, die Heilungschancen. Ich würde Franziska gerne stationär in die Klinik aufnehmen. Um die Diagnose durch eine Biopsie und Antikörpertests zu bestätigen."

"Wie kommt man zu solch einer Erkrankung, ich habe noch nie davon gehört."

Franziskas Vater reibt sich das Gesicht. Er sieht aschfahl aus.

"Sklerodermie ist eine sehr seltene Erkrankung, man weiß nichts über die Ursachen. Leider. Sie gehört zu den Autoimmunerkrankungen."

"Na toll."

"Frau Beckers, es tut mir wirklich sehr leid, dass ich

keine erfreulicheren Botschaften für Sie habe. Aber ich werde alles tun, um Franziska zu helfen."
Für einen kurzen Moment herrscht Schweigen.
Was ist das für eine bescheuerte Krankheit?
Franziska durchzucken Bilder in rasender Folge von Krankenhausbetten, Rollstühlen, Infusionsständern. Sie riecht ihren Schweiß.
„Danke, Frau Doktor. Reicht es nicht, wenn wir Franziska morgen früh hier abliefern? Dann kann sie den Abend noch zuhause verbringen."
Ihr Vater ist aufgestanden. Er sieht müde aus.
„Natürlich geht das. Bist du damit einverstanden, Franziska?"
Tausend Gedanken schießen Franziska durch den Kopf.
Kann ich meinen eigenen Schlafanzug anziehen? Oder trägt man im Krankenhaus nur diese kleingemusterten Nachthemden? Tut eine Biopsie weh? Wie lange werden die Untersuchungen dauern? Wann komme ich wieder raus und kann trainieren?
Ich werde im Internet nachsehen was da über diese bescheuerte Sklerodermie steht.
Franziska nickt. Was bleibt ihr schon anderes übrig. Sie möchte auf der Stelle Caro anrufen. Ihre Stimme hören, von ihr getröstet werden.

„Verdammt, Caro, ich hab Schiss. Es gibt Leute, die haben das ihr ganzes Leben lang. Sehen aus wie Zombies. Ganz starre Gesichter. Der Mund wird klein, der Darm geht kaputt, die Lunge. Vielleicht kann ich nie wieder schwimmen! Vielleicht sehe ich auch bald so aus und sitze im Rollstuhl. Und vor zwei Stunden habe ich mir noch Sorgen darüber gemacht, ob man im Krankenhaus Schlafanzug oder Nachthemd trägt!"

Franziskas Stimme überschlägt sich. Sie hatte sich verschiedene Seiten über Sklerodermie aus dem Internet angeschaut. Beim Lesen kam die Panik. Herzrasen, Schweißausbrüche. Kurz wurde ihr so schwindlig, dass sie fast vom Stuhl fiel.

Es gibt Selbsthilfegruppen. Leute, die jahrzehntelang Sklerodermie haben! Auch die inneren Organe können betroffen sein, nicht nur die Haut. Das Foto eines Mannes mit Maskengesicht geht ihr nicht aus dem Kopf. Das konnte ihr doch nicht passieren, sie war doch Sportlerin!

„Ich verstehe jetzt, warum mein Hintern sich so kalt anfühlt. Die Blutgefäße verhärten sich auch und die Durchblutung wird schlechter. Meine Mutter fühlt sich persönlich beleidigt, als würde ich absichtlich die Landesmeisterschaften sabotieren. Ich halte das nicht mehr aus. Wenigstens hat sie mir die Tasche für morgen gepackt. Mein Vater bringt mich ins Krankenhaus."

„Franzi, ich weiß gar nicht, was ich sagen soll", unterbricht Caro den Wortschwall ihrer Freundin.

„Vielleicht wird es nicht so schlimm, du bist doch total fit.

Wie war denn diese Mackenroth? Hat sie ´ne Macke?"

Franziska seufzt.

„Sie sieht ziemlich spießig aus, mit Perlenkette und so, aber sie hat schöne, warme Augen. Ich mag sie, und sie scheint echt Ahnung zu haben. Hoffentlich behandelt sie mich auch. Außerdem lässt sie sich von meiner Mutter nicht einschüchtern. Sie hat einfach nur freundlich und sachlich geantwortet. Kommst du mich morgen gleich besuchen? Den ganzen Tag im Krankenzimmer! Kannst du mir was zu lesen mitbringen? Vielleicht einen Comic, aber nichts Trauriges."
„Mach ich."
„Danke. Ich muss auflegen, ich bin total fertig."
Franziska will nur noch schlafen.
„Mach's gut, Franzi. Bis morgen."
Franziska legt das Telefon auf ihren Nachttisch, sie schafft es nicht mehr aufzustehen. Sie macht das Licht aus, dreht sich auf die Seite und zieht sich die Decke über den Kopf.
Warum ausgerechnet ich?

7

„So, hier wären wir", sagt die Schwester mit den knallroten Haaren und lässt Franziska und ihren Vater durch die weit geöffnete Tür ins Krankenzimmer treten.

Es sieht ganz manierlich aus, findet Franziska nach einem prüfenden Blick: Hellgelbe Bettwäsche, gerahmte Poster von südlichen Landschaften, nur zwei Betten, Fernseher und der Ausblick auf einen kleinen Park.

Im fensternahen Bett hängt ein Mädchen am Tropf. Man sieht nur einen dunkelblonden Wuschelkopf. Sie liegt auf der Seite, hat die Decke weit hochgezogen und scheint zu schlafen. Auf dem Nachttisch liegt ein Musicplayer samt Kopfhörer. Auf einem

Resopaltisch unter dem Fernseher steht ein kaum berührtes Frühstückstablett. Zwei blassgelbe Käsescheiben trocknen vor sich hin.

„Du teilst das Zimmer mit Trixi. Da ist dein Schrank."
Die Schwester öffnet eine schmale Schranktür. Franziska schaut auf weiße, gähnend leere Fächer.
Da passt Wäsche für Wochen rein.
Der Anblick des leeren Schrankes bringt ihr Herz zum Rasen. Ihr wird heiß, sie hat plötzlich eine nasse Stirn.
Ihr Vater stellt ihre Tasche auf dem Stuhl ab und beginnt die Wäsche einzuräumen.
„Am besten ziehst du deine Straßenkleidung aus und das Nachthemd an!" sagt Schwester Karin bestimmend und deutet auf das rosa Etwas das ihr Vater gerade aufs Bett legt.
Ich will kein bescheuertes Nachthemd anziehen, du blöde Tuss. Verdammte Sklerodermie!
„Nachher kommt Dr. Friedrich und erklärt dir die Untersuchungen, die später gemacht werden."
„Kommt Frau Dr. Mackenroth nicht?"
„Nein, das macht ein Assistenzarzt. Bei Frau Dr. Mackenroth hast du morgen am Nachmittag einen Termin."
Franziska klopft das Herz bis zum Hals.
Ich will aber, dass Frau Dr. Mackenroth zu mir kommt und mich untersucht!
Die Schwester verlässt den Raum.
„Soll ich dir noch irgendwas besorgen?" fragt ihr Vater und schaut hilflos durch den Raum. Die Tasche

ist ausgepackt, es gibt nichts mehr zu tun.
Franziska hasst Abschiede. Schrecklich, wenn man jemanden zur Bahn bringt und wartet bis der Zug einfährt und man endlich hinterherwinken kann. Wie lange einem da plötzlich ein paar Minuten werden können.
„Nein. Ich brauche nichts. Caro bringt mir was zu lesen mit."
Er schaut auf seine Armbanduhr.
„Ich muss auch los. Ich habe leider nicht frei bekommen, ein Kollege ist krank. Tut mir leid, dass ich nicht länger bleiben kann."
„Ist schon in Ordnung. Ich komme klar."
Sie will jetzt, dass er geht. Sie will alleine sein, bevor die Prozedur losgeht.
„Ach, beinahe hätte ich es vergessen."
Er zieht ein Smartphone aus der Tasche.
„Hier, das hat ein Guthaben von 20 Euro. Ist bequemer als das Krankenhaustelefon. Hier drücken, dann erscheint deine Rufnummer, ist schon alles betriebsbereit. Ich habe das mit deiner Mutter besprochen. Sie ist einverstanden."
„Danke, Paps."
Franziska legt das Telefon neben ihr Nachthemd und umarmt ihren Vater.
Endlich wieder telefonieren!
Nachdem ihr erstes Handy im Hallenbad geklaut wurde, stellte ihre Mutter sich quer und verbot ihr ein neues anzuschaffen.
„Ich denke, länger als zwei, drei Tage werden sie dich

nicht hier behalten, Kleines. Ich rufe dich an. Morgen komme ich nach dem Dienst vorbei. Mach's gut, Ziska."
Er zieht sie an sich und küsst sie auf die Stirn.
„Hoffentlich ist sie nett, diese Trixi", flüstert er ihr ins Ohr und geht zur Tür.
„Tschüs, Paps. Bis morgen."
Franziska lächelt tapfer bis er draußen ist, dann lässt sie sich aufs Bett fallen. Das rosa Nachthemd ist Oma Beckers Weihnachtsgeschenk vom letzten Jahr.
Was für ein scheußliches Teil. Ich hasse Nachthemden.
Sie schließt die Augen. Normalerweise würde sie jetzt ihre Bahnen schwimmen und dann in die Schule radeln.
Es ist nichts mehr wie es war.
„Wo liegt dein Problem? Bei mir weiß man es nicht so genau. Zeckenbiss, unbekannte Virusinfektion. Jedenfalls habe ich seit einem Monat ständig Fieber. Wenn ich mich anstrenge, steigt es. Sie geben mir Antibiotika in rauen Mengen. Hallo, ich bin Trixi. Eigentlich Beatrix, aber wer will schon Beatrix heißen? Cooles Nachthemd, tolle Farbe. Ein Geschenk?"
Obwohl ihr eher nach Heulen zumute ist muss Franziska grinsen. Der lakonische Tonfall dieser Trixi gefällt ihr. Sie ist offenbar kein Jammerlappen.
Franziska zieht sich an dem dreieckigen Plastikgriff, der über dem Bett baumelt, hoch.
Sie könnte so alt wie ich sein, schätzt sie nach kurzer Musterung.
„Von meiner Oma. Ich hasse Nachthemden, ich besit-

ze leider keinen Schlafanzug für solche Gelegenheiten. Normalerweise ziehe ich nachts alte T-Shirts an. Ich bin Franziska, Franzi. Ich habe vielleicht Sklerodermie. Bis gestern hatte ich noch keine Ahnung, dass es sowas überhaupt gibt. Ich kann nicht mehr richtig laufen und nachher wird eine Gewebeprobe…"
„Das habe ich gehört", unterbricht Trixi.
„Du hast wohl gar nicht geschlafen?"
„Nee. Ich tue oft nur so. Du bist schon die vierte Zimmergenossin in vier Wochen. Ständig kommen Leute hier rein: Verwandte, Freundinnen, Schwestern, Ärzte. Das nervt einfach. Privatsphäre gleich null. Wie fühlt sich das an bei dir? Tut das weh?"
Trixi wirft ihre Zudecke über den Fußteil des Bettes, setzt sich auf und zieht die Beine an. Sie trägt einen dunkelgrünen Schlafanzug und sieht sehr blass aus.
„Ja, die Haut spannt. Hattest du als Kind mal eine Lederhose? Stell dir vor, du hättest so eine Lederhose an und gingst damit unter die Dusche. Anschließend trocknet das Leder und schrumpft, und die Hose spannt so sehr, dass du sie nicht mehr ausziehen kannst. So fühlt sich das an. Und jetzt muss ich dieses scheußliche Nachthemd anziehen."
Franziska verzieht das Gesicht zu einer Grimasse.
Trixi sagt in beiläufigem Tonfall:
„Bei mir brauchen sie zurzeit nur eine brauchbare Vene. Willkommen in Zimmer 204, dem Zimmer mit den seltensten und unbekanntesten Krankheiten!"
„Wie alt bist du?" fragt Franziska.

Sie mag Trixi auf Anhieb – ihre spöttische Art gefällt ihr. Sie selbst ist eher weinerlich. Wenn ihr etwas fehlt, malt sie sich das Schlimmste in allen Einzelheiten aus. Wie sie den Rest ihres Lebens im Rollstuhl verbringt. Wie ihre Eltern an ihrem Grab weinen, nachdem sie an Sklerodermie gestorben ist.

„Ich bin letzte Woche sechzehn geworden. Hier in diesem Zimmer. Der tollste Geburtstag meines Lebens. Ein paar Leute aus meiner Klasse waren hier, nach einer halben Stunde war ich total kaputt, bekam einen Fieberschub. Ende der Party. Übrigens würde ich mich nicht in Straßenklamotten aufs Bett legen. Schwester Karin hat das gar nicht gerne. Wegen der Hygiene und so. Zieh doch das tolle Nachthemd endlich an, dann darfst du dich aufs Bett setzen!"

Franziska zuckt mit den Achseln, hievt sich vom Bett hoch und beginnt sich auszuziehen. Am liebsten hätte sie sich im Badezimmer umgezogen. Aber sie will Trixi gegenüber nicht verklemmt wirken.

„Hast du aber Armmuskeln. Bist du Gewichtheberin?"

Das klang bewundernd. Manche Leute taten so, als bewunderten sie ihre Muskeln, aber sie spürte immer, dass sie es nicht so meinten. Dass sie muskulöse Arme und Beine an Mädchen in Wirklichkeit unpassend fanden.

„So ähnlich. Krafttraining mache ich auch, aber ich bin Schwimmerin. Leistungsschwimmerin. Freistil. 200 Meter."

„Toll. Freistil hört sich gut an. Ich laufe. 5000 Meter. Zurzeit aber eher nur fünf Meter, dann bin ich erledigt."

„Mist."

„Kannst du laut sagen. Ich höre jetzt Musik. Hiphop für meinen armen kranken Körper. Tut mir gut. Bis später."

Trixi setzt den Kopfhörer auf, zieht sich die Decke über den Kopf, dreht sich auf die Seite zum Fenster hin und ist nicht mehr ansprechbar.

Franziska müht sich mit ihrem Nachthemd ab und legt sich erschöpft aufs Bett. Es ist immer noch früh am Morgen.

Ihr Magen knurrt, aber sie darf wegen der Untersuchungen nichts essen.

Vielleicht erwische ich Caro noch zuhause, bevor sie auf dem Weg zur Schule ist. Wie war noch mal ihre Festnetznummer?

Caro hat ihr Handy vor einer Woche in der Schule verloren und muss jetzt auf ein Neues sparen.

Schwerfällig dreht sich Franziska zur Seite und holt ihren Kalender aus der Schublade. Ihr fällt Caros Festnetznummer nicht ein.

Es dauert eine Weile, dann ist Caro am Apparat. Völlig außer Atem.

„Hallo, Caro. Ich bin's. Hol mich hier raus, bitte!"

„Arme Franzi. Dachte ich mir doch, dass du das bist. Ich war schon im Treppenhaus als es klingelte. Haben sie dich schon in der Mangel?"

„Nein, ich warte auf einen Arzt, der mich über Risiken und Nebenwirkungen aufklären soll. Und außerdem habe ich ein rosa Nachthemd an. Das ist so demütigend, sage ich dir. Ich wusste nicht, was man hier anzieht."

„Ich verspreche dir, dass ich heute Nachmittag keine Bemerkung machen werde. Zieh doch einen Jogginganzug drüber. Franzi, ich muss los. Sei tapfer. Bis später."

„Ja, bis später. Zimmer 204, im zweiten Stock. Wie gerne ginge ich jetzt zur Mathestunde ..."

Caro hat schon aufgelegt. Franziska seufzt, legt Handy samt Kalender zurück in die Schublade.

2000 Meter Freistil und dann einen riesigen Teller Spaghetti mit Tomatensoße. Und nicht diese Scheiße hier.

8

Drei Tage später, kurz vor fünfzehn Uhr, schleppt sich Franziska durch die blassgelb gestrichenen Krankenhausflure zu einem Termin bei Frau Dr. Mackenroth.
Gestern hätte sie entlassen werden sollen, aber die Biopsiewunde heilt nicht. An der Rückseite ihres Oberschenkels, ziemlich in Gesäßnähe, klafft ein rotes Auge. Das Gewebe spannt so sehr, dass die kleine Naht aufgegangen ist.
Am Morgen machte sie – zum ersten und hoffentlich letzten Mal in ihrem Leben Bekanntschaft mit einer Wundtherapeutin.
Schwester Monika war nett, erklärte ihr die Problematik und versorgte das kleine, rote Auge mit einem

Spezialpflaster. Das saugt die Wundsekrete auf, damit die Stelle zuwachsen kann.

Die Schwester konnte nichts dafür, dass sie nicht nach Hause darf, trotzdem reagierte Franziska patzig, als diese ihr eine Art Schwimmreifen in die Hand drückte, damit sie ohne Druckschmerzen sitzen kann. „Gibt es auch Schwimmflügel dazu?" hat sie total pampig gefragt.

Schwester Monika hat gelassen reagiert, sie bekommt sicher öfter den Frust der Patienten zu spüren.

Franziska beschließt, sich morgen bei ihr zu entschuldigen.

Sie ist mit dem Aufzug im achten Stock angelangt und geht auf Frau Dr. Mackenroths Tür zu. Der Sitzring hängt über ihrem Arm.

Das Herz schlägt ihr bis zum Hals.

Was brauche ich Schwimmwettkämpfe? Mein Körper ist auch so ständig voller Adrenalin!

Sie hat das Gefühl, dass sich ihr ganzes Leben dort drinnen entscheidet. Sie klopft an und geht hinein.

„Guten Tag, Franziska. Setz dich doch hier auf diesen Stuhl."

Die Ärztin deutet auf einen grün gepolsterten Holzstuhl vor ihrem Schreibtisch. Verlegen legt Franziska den Sitzring auf den Stuhl und lässt sich vorsichtig darauf nieder.

Frau Dr. Mackenroth trägt wieder ihre Perlenkette, außerdem eine hellblaue Bluse und gebügelte Jeans. „Wie fühlst du dich?"

Als Franziska ihren freundlich fragenden Blick auffängt, kommen ihr die Tränen.

„Ich bin immer noch hier", antwortet sie stockend.

„Es tut mir sehr leid, dass du wegen der Wundkomplikation länger bleiben musst. Sobald die Entzündung abklingt und die Wunde sich anfängt zu schließen, kannst du nach Hause. Zum Pflasterwechsel kannst du dann in die Ambulanz kommen. Aber mit drei, vier Tagen Krankenhaus wirst du noch rechnen müssen."

Franziska fühlt sich ausgeliefert. Die meisten Beschäftigten im Krankenhaus waren ganz in Ordnung – aber jeder weitere Tag in dieser Welt der Kranken war ein Tag zu viel.

„Wann kann ich endlich wieder schwimmen?" platzt sie heraus.

„Ich möchte dir keine falschen Versprechungen machen."

„Sie sind doch eine Spezialistin!"

„Sklerodermie ist eine schwere Erkrankung, jeder Fall verläuft anders. Wir wissen noch nicht einmal, weshalb manche Menschen daran erkranken."

„Werde ich überhaupt wieder gesund? Vielleicht sterbe ich in ein paar Jahren, weil mein Lungengewebe versteinert, wie die Haut an meinem Po! Oder ich sehe aus wie ein Zombie!"

Franziska schreit der Ärztin die Worte ins Gesicht. Am liebsten hätte sie ihr die kleine Jadeschildkröte – die direkt vor ihr auf dem Schreibtisch steht – ins Gesicht geworfen.

Sie schlägt die Hände vors Gesicht und weint.

Sie ist wütend wie noch nie, und sie schämt sich.
Frau Dr. Mackenroth lässt sie schluchzen und reicht ihr eine Schachtel mit Papiertaschentüchern. Franziska trocknet ihre Tränen und schnäuzt sich.
„Franziska, du hast gute Chancen wieder gesund zu werden.
Es ist nicht immer so sinnvoll sich im Internet über Erkrankungen zu informieren. Jeder Mensch ist anders. Wie die Untersuchungen ergeben haben, hast du zwar die generalisierte Form der Sklerodermie, aber deine inneren Organe sind nicht betroffen. Dein Gesicht ist völlig unverändert. Du wirst Medikamente nehmen müssen. Deine Haut braucht intensive Pflege, damit keine Risse entstehen. Bäder mit Salz vom Toten Meer sind da hilfreich. Du musst durch gezielte Übungen die Beweglichkeit deiner Hüftgelenke erhalten. Und ich werde dich psychotherapeutisch begleiten."
Franziska achtet auf jedes Wort von Frau Dr. Mackenroth.
Sie würde nicht an ihrer Krankheit sterben, aber würde sie wieder schwimmen können?
Sie starrt auf das farbenfrohe Bild an der Wand.
Frau Dr. Mackenroth folgt ihrem Blick.
„Das Bild heißt „Es war ein Kind, das wollte nie". Paul Klee hat es gemalt. Er litt an generalisierter Sklerodermie. In der Nazizeit hat man ihn als Kunstprofessor in Düsseldorf entlassen. Seine Bilder galten als entartete Kunst. Er ist ins Ausland gegangen. Bald darauf brach die Krankheit bei ihm aus, und 1940 ist

er in der Schweiz gestorben. Er ist ein bedeutender Maler."
Sie ist ehrlich, ich kann ihr vertrauen!
Franziska spürt, wie die Spannung in ihren Schultern nachlässt.
„Ist er gestorben, weil ihn die Nazis entlassen haben?" fragt sie leise.
„Es ist möglich, dass seine Verfolgung als Künstler diese Erkrankung begünstigt hat, aber sicher wissen wir das nicht. Andere Menschen entwickeln vielleicht ein Magengeschwür, oder bekommen Herzprobleme. Jeder Mensch reagiert in Krisensituationen anders. Aber nicht jeder Mensch, der Schlimmes erlebt, wird unbedingt krank. Gefällt dir das Bild?"
Franziska nickt. Das Bild hatte etwas Feierliches und wirkte gleichzeitig fröhlich.
„Es war ein Kind, das wollte nie. Ulkiger Titel", meint sie nach einer Weile. Und dann:
„Ich wollte immer."
„Wie meinst du das?"
„Ich wollte immer schwimmen, seitdem ich denken kann."
„Falls du dich fragst, ob mit dir etwas nicht stimmt und du deshalb krank geworden bist Folgendes: Dein Körper hat eine Krankheit entwickelt, die verhindert, dass du momentan als Leistungsschwimmerin aktiv sein kannst. Das kann ein Signal sein. Es ist vielleicht eine Rebellion deines Körpers."
Frau Dr. Mackenroth formuliert auf ihre Art, was mir im Kopf herumspukt. Aber woher will sie das wissen?

„Sie meinen, dass ich vielleicht nicht mehr schwimmen will?"

„Das kann ich nicht für dich beantworten. Was bedeutet dir das Schwimmen? Wie sah dein Tag aus, bevor du krank wurdest?"

Franziska fühlt sich matt. Schwimmen, das ist ihre Zukunft: Deutsche Meisterin werden, an Olympischen Spielen teilnehmen, auf dem Siegerpodest stehen.

„Ich bin drei Mal in der Woche um Viertel nach fünf aufgestanden, habe ein Glas Fruchtsaft mit Haferflocken getrunken und bin zum Training gefahren. Nach der Schule habe ich gegessen und schnell meine Hausaufgaben gemacht. Am Nachmittag dann wieder Training. Am Wochenende kam oft noch Krafttraining oder Joggen dazu. Ich habe mindestens 15 Stunden in der Woche trainiert. Mit 10 kam ich in die Wettkampfgruppe, und mit 13 war ich zum ersten Mal Jahrgangsmeisterin."

Franziska denkt an den versilberten Pokal, der auf ihrem Regal steht.

„Schwimmen ist eine klare Sache. Ich trainiere, ziehe meine Bahnen, die Zeit wird gemessen. Wenn ich viel trainiere, werde ich schneller, so einfach ist das. Natürlich braucht man auch Talent und den richtigen Körper."

„Wann hast du das erste Mal Symptome bemerkt? Was war an diesem Tag? Was hast du gemacht?"

Wozu soll ich das noch mal erzählen?

Franziska antwortet widerwillig.

„Wir hatten früher Schule aus. Anstatt direkt zum Training zu fahren habe ich mich von meinen Freundinnen überreden lassen ins Café zu gehen. Wir haben in der Sonne gesessen und gequatscht und Eis gegessen."
Und vielleicht habe ich mich verliebt.
„Hast du dich wohl gefühlt?"
„Ja, schon. Ich mochte die Sonne auf meiner Haut. Ich fand es schön, mit meinen Freundinnen zusammen zu sein.
Als ich aufbrechen musste, um ins Training zu fahren hat sich mein Po kalt angefühlt und meine Beine waren steif."
„Wie war das für dich, immer so früh aufzustehen?"
Franziska seufzt leise und antwortet stockend – sie hat keine Lust alles haarklein zu erzählen.
„Im Winter ist es mir manchmal schwergefallen. Es war dunkel, meine Freundinnen lagen noch gemütlich im Bett. In letzter Zeit bin ich morgens ziemlich unausgeschlafen. Ich schaffe es auch abends nicht mehr, um neun Uhr einzuschlafen. Aber ohne eiserne Disziplin kommt man nicht weit im Leistungssport!"
„Hast du nette Freunde oder Freundinnen in deinem Schwimmverein?"
Franziska zögert mit der Antwort. Sie sieht sich im Bus sitzen – auf dem Weg zu einem Wettkampf. Alle sind aufgeregt, reden wild durcheinander, vergleichen ihre Zeiten.
In letzter Zeit nervt sie das Gerede über Bestzeiten.

Dann zieht sie sich zurück, setzt ihren Kopfhörer auf und hört Musik.

„Während des Schwimmens hat man kaum Kontakt, da ziehen alle ihre Bahnen. Anschließend müssen alle schnell in die Schule oder nach Hause ins Bett. Ich hatte mal eine Freundin im Verein. Leider hat sie vor zwei Jahren aufgehört. Sie war etwas älter als ich. Sie hat sich verliebt und wollte ihre Zeit nicht mehr im Hallenbad verbringen."

Franziska erinnert sich, wie weh es ihr getan hat als Katrin nicht mehr zum Training kam. Sie waren samstags gemeinsam Joggen gegangen, saßen bei Fahrten zu Wettkämpfen immer nebeneinander, lachten sich schlapp über Ratzkes Versuche witzig zu sein.

„Warst du schon mal verliebt?"

Franziska spürt wie ihr die Röte ins Gesicht schießt. Sie sieht die Terrasse des Eiscafés und Robertos Lächeln vor sich.

„Keine Zeit", stottert sie.

„Aber es hat dir schon mal jemand gefallen?"

Sie nickt und ist froh, dass Frau Dr. Mackenroth nicht weiter nachfragt. Sie sprechen noch kurz über die Medikamente, die Franziska nehmen muss und schließlich schaut Frau Dr. Mackenroth auf die Uhr.

„Schluss für heute. Ich hoffe, du kannst in den nächsten Tagen endlich nach Hause. Über den genauen Therapieplan sprechen wir nächstes Mal, da sollten auch deine Eltern dabei sein."

Sie reicht Franziska ihre kleine, feste Hand.

„Vergiss deinen Schwimmreifen nicht", sagt sie zum Abschied.
Franziska grinst überrascht. Mit witzigen Bemerkungen rechnet sie in einer Psychostunde nicht. Sie hängt sich den Gummireifen über und verlässt das Sprechzimmer.

9

Drei Tage später, an einem Samstag, ist Franziska noch immer in der Klinik. Die Wunde schließt sich nur langsam, ist immer noch entzündet.
Jeden Morgen kommt die Wundberaterin, wechselt das Pflaster und ist mit dem Heilungsprozess sehr zufrieden.
Franziska sitzt im Park und langweilt sich. Sie wartet auf Caro.
Die Wochenenden im Krankenhaus sind noch öder als die Werktage.
Ihr Handy klingelt. Es ist Caro.
Sie kommt nicht, ist Franziskas erster Gedanke.
„Franzi, tut mir leid, ich muss mit meinen Eltern zur Geburtstagsfeier meiner Großtante. Sie wird neun-

zig. Sei nicht böse. Ich habe das völlig vergessen. Ich komme morgen."
„Schon gut."
Aber nichts ist gut. Sie fühlt sich im Stich gelassen. Caro plaudert munter weiter.
„Vielleicht treffe ich dann endlich mal diese Trixi. Übrigens ist Anna nur noch am Heulen. Wegen Tim. Er war bei einem Feldhockeyturnier in Berlin und hat sich in eine Berliner Hockeyspielerin verliebt. Sie ist drei Jahre älter als er und spielt in der Nationalmannschaft. Anna sitzt mit dunklen Augenrändern in der Klasse. Franziska?"
„Vielleicht werde ich Montag entlassen, du brauchst morgen nicht zu kommen."
Sie würde Caro so gerne erzählen, dass Trixi sich für Mädchen interessiert, dass sie schon zweimal heftig verliebt gewesen ist, aber sie bringt kein Wort heraus.
„Franzi, sei nicht beleidigt. Ich habe kein bisschen Lust auf diesen Geburtstag."
„Alles klar. Bis dann."
„Ich rufe dich morgen an."
Franziska steht auf und geht auf den Eingang zu. Überall auf den Parkbänken – unter den riesigen Ulmen, sitzen Patienten mit ihrem Besuch.
Ihre Mutter ist bei einer Fortbildung, irgendwas mit Teambildung und kommt erst Sonntagabend zurück. Ihr Vater und Lisa wollen morgen Nachmittag kommen.
Die beiden können mir auch gestohlen bleiben.

Franziska steigt in den leeren Aufzug. Sie will niemanden sehen, auch Trixi nicht.
Aus heiterem Himmel fragte Trixi gestern Abend, ob sie „es" schon mal gemacht hätte. Trixis Neugier geht ihr auf den Wecker. Unter der Dusche macht sie sich ab und zu schöne Gefühle, aber das geht Trixi nichts an. Sie hat nicht geantwortet. Soll sie doch denken was sie will.
Franziska drückt auf **U**. Die Physioabteilung ist im Keller.
Wer kommt auf so eine Idee? Wie kann man hier arbeiten?
Die Krankengymnastin, Frau Kettmann, hat ihr erlaubt außerhalb der Therapiezeiten zu trainieren.
Franziska drückt auf den Lichtschalter. Nach und nach gehen die Neonröhren mit einem klackernden Geräusch an.
Sie geht direkt zur Sprossenwand. Erst übt sie Klimmzüge, dann macht sie Bauchmuskelübungen, indem sie langsam beide Beine gestreckt bis zum rechten Winkel anhebt. Nach 10 Minuten muss sie aufhören – die Haut an Po und Oberschenkel spannt zu sehr. Sie will keinen Tag länger hier im Krankenhaus verbringen – nur weil die Biopsiewunde wieder aufgeht.
Frustriert stemmt sie stattdessen 2-Kilo-Hanteln in alle Himmelsrichtungen, bis ihr der Schweiß in den Augen brennt.
Das Krafttraining verbessert schlagartig ihre Laune.
Sie versucht jeden Gedanken an Düsseldorf wegzu-

schieben. An Schwimmen ist mit der offenen Stelle sowieso nicht zu denken – nicht mal an diese idiotischen Sitzbäder im Toten-Meer-Badesalz.

Die Landesmeisterschaften werden ohne mich stattfinden.

Ihr nächstes Ziel ist hier rauszukommen. Weiter will sie nicht denken. Ihre Mutter schmiedet Pläne für „die Zeit danach". Soll sie doch.

Nach dem Training und einer schnellen Katzenwäsche lässt sich Franziska erschöpft aufs Bett gleiten. Sie schließt die Augen.

Immer noch zwei Stunden bis zum Abendessen.

Trixi liegt unansprechbar auf ihrem Bett.

Aber dann: Die Tür zum Krankenzimmer wird geräuschvoll geöffnet. Franziska schreckt hoch. Sie war kurz weggedöst.

Eine kleine, ältere Frau spaziert, beladen mit zwei Plastiktüten, mit hastigen Schritten herein.

Sie trägt ein hellbraunes Golfhütchen und einen hellblauen Jogginganzug. Sie lässt die Tüten auf den Boden sinken, schlenkert mit den Armen und ruft laut:

„Wo ist meine Lieblingsenkelin?!"

Trixi hört nichts. Die resolute Dame tritt an Trixis Bett und zieht ihr die Decke weg.

„Omi. Hast du mich erschreckt!" schreit sie und reißt die Stöpsel aus den Ohren.

Sie zieht ihre Großmutter halb aufs Bett und umarmt sie stürmisch.

„Ich hab euch was mitgebracht", ruft diese schließ-

lich, befreit sich aus Trixis Umklammerung und zeigt auf die beiden Plastiktüten.
„Oh nein, Omi. Sind das schon wieder Ü-Eierhälften?"
„Was denkst du denn? Ich musste doch die letzte Serie komplett kriegen. Meinst du vielleicht, ich esse dieses Zeugs. Das ist doch keine Schokolade! Kannst du ja hier auf der Station verteilen."
Trixis Oma wendet sich Franziska zu und taxiert sie mit hellwachen, blitzenden Augen.
„Bist du diese Schwimmerin?" fragt sie munter.
Franziska nickt.
Diese Frau ist der reinste Tornado! Hoffentlich bleibt sie ein wenig, dann ist es nicht so langweilig.
„Mädchen, Mädchen. In eurem Alter muss man doch die Welt entdecken und Abenteuer erleben. Tagaus, tagein im Wasser Bahnen schwimmen – du meine Güte. Das Leben hat doch mehr zu bieten. Kino, Musik, Reisen, Tanz... ."
Sie summt eine Walzermelodie und dreht sich mit erhobenen Armen im Kreis. Franziska muss lachen, obwohl ihr die Bemerkungen einen Stich versetzen. Diese Frau hat mehr Energie als Trixi und ich zusammen, stellt sie fest und ist plötzlich gar nicht mehr müde.
Trixi verdreht die Augen.
„Omi, komm auf den Teppich! Franziska ist nicht mal fünfzehn. Außerdem dürfen wir hier nicht raus, wir sind kraahank."
„Ja, ja. Schon gut."
Sie lässt die Arme sinken und setzt sich auf einen

der beiden Plastikstühle, die im Zimmer stehen.

„Meine Oma sammelt Ü-Eierfiguren, um sie irgendwann zu verkaufen und ihre Rente damit aufzubessern", erklärt Trixi.

„Wie lange schon, Omi?"

„Seit über zwanzig Jahren. Ich habe alle Serien zwei- bis dreifach. Alle meine Bekannten schenken mir Eier, aber oft ist nur dieser Bastelkram drin. Ich habe mittlerweile ein Händchen dafür. Das Gewicht muss stimmen, das Geräusch beim Schütteln. Meine Trefferquote ist hoch. Trotzdem... ."

Sie zeigt auf die Tüten mit den Schokoeierhälften.

„Hast du wieder deine halbe Rente für die Eier ausgegeben?" fragt Trixi liebevoll. Die Oma lächelt verträumt.

„Nein, nein. Aber ich war gestern Abend wunderbar essen, mit meiner Freundin Elli, wisst ihr. Als es ans Bezahlen ging stellte Elli fest, dass sie ihr Portemonnaie vergessen hatte. Ich musste für uns beide zahlen. Na egal, es hat sich auf jeden Fall gelohnt. Sicher vergisst Elli, dass ich ihr was gepumpt habe. Sie ist total schusselig geworden, die Arme."

Sie rudert unentwegt mit den Armen, während sie spricht.

„Nächste Woche kann ich wieder an der Kinokasse sitzen, Frau Berg ist krank, das kommt mir gerade recht. Bis zur nächsten Rentenauszahlung sind es noch zehn Tage. Vielleicht verkaufe ich auch ein paar Figürchen bei Ebay. Dann ist der Monat gerettet. Heutzutage machen sich ja Jugendliche in eurem

Alter schon Sorgen um die Rente. Alle haben tausend Versicherungen. Nur kein Risiko! Dann hocken sie ihr Leben ab und langweilen sich halb zu Tode. Damit etwas Abenteuer ins Leben kommt, müssen teure Nervenkitzel her. Zwei Wochen im Wald Käfer essen und sonst was.
Kinder, man muss einfach nur leben. Da sorgt man sich wegen der Rente und läuft vor die Straßenbahn. Aus, vorbei.
Es ist völlig überflüssig sich ständig wegen der Zukunft Gedanken zu machen."
Sie reißt sich das Golfhütchen vom Kopf, wirft es in die Luft, fährt sich mit der freien Hand durch die kurzen, grauen Haare und setzt es wieder auf.
„Wir trudeln auf diesem Planeten im Weltall. Ist das nicht ein Wahnsinnsabenteuer? Reicht das nicht?"
Sie schaut fragend von Trixi zu Franziska. Trixi kennt offensichtlich die Lebensanschauung ihrer Großmutter zur Genüge. Sie sieht gelangweilt vor sich hin.
Franziska ist fasziniert. Diese alte Frau ist charmant, witzig und jammert nicht über Krankheiten, wie ihre eigene Oma.
„Ich rede zu viel. Wollen wir Karten spielen?"
Sie holt ein Kartenspiel aus ihrer kleinen Umhängetasche und beginnt zu mischen.
„Klar", meint Trixi. Sie schaut Franziska an.
„Machst du mit? Wir spielen Mogeln. Kennst du das?"
„Klar!" antwortet Franziska und schiebt sich aus dem Bett.
Als die Schwester mit dem schrecklich scheppern-

den Essenswagen mit dem Abendessen kommt, sitzen die drei immer noch an dem kleinen Resopaltisch und sind in ihr Spiel vertieft. Trixis Großmutter wirft ihre Karten auf den Tisch, steht auf und geht zu dem Tablett auf Trixis Nachttisch.
Die Schwester ist schon wieder verschwunden.
„Was soll das denn sein? Davon sollt ihr wieder gesund werden?"
Pikiert starrt sie auf den Teller, die metallene Abdeckhaube noch in der Hand.
„Das gibt es abends immer", meint Trixi gleichgültig.
„Schaut euch das an! Da heißt es immer „das Auge isst mit". Graue Wurst, eine abgepackte Käseecke und zwei labberige Salatblättchen. Nicht zu fassen."
Während sie schon aus dem Zimmer stürmt, ruft sie noch:
„Ihr esst nichts davon, ich bin in einer Viertelstunde wieder da."
Trixi stöhnt theatralisch auf und grinst Franziska an.
„Wo hat die Frau bloß diese Energie her. Ich fühle mich so alt neben ihr."
„Ich finde sie klasse. Du solltest mal meine Oma erleben. Die ist nur am Jammern. Ich fühle mich richtig aufgekratzt und unternehmungslustig seitdem sie da ist."
„Sie ist schon toll, aber sie erzählt auch ewig das Gleiche. Und oft muss meine Mutter ihr Geld leihen, weil sie alles verprasst hat. Ach egal, ich rede schon wie

eine Spießerin. Bestimmt kommt sie gleich mit einem tollen Imbiss zurück."
Trixi schiebt die Karten zusammen und packt sie in die Hülle.
„Übrigens hatte Omi auch mal eine Geliebte. Die war auch verheiratet. Ich glaube, dass lief jahrelang so nebenher. Einmal im Jahr sind die beiden zwei Wochen zusammen nach Südfrankreich gefahren. Ihr konnte ich erzählen, dass ich auf Mädchen stehe. Meine Mutter will bis heute nichts davon hören, sie hält es für eine Phase."
Franziska weiß nichts darauf zu sagen. Es ist ihr peinlich, dass Trixi ständig über ihre Verliebtheiten, sogar über Sex redet, wo sie selbst so unerfahren ist.
Sie legt sich aufs Bett und hängt ihren Gedanken nach. Sie hat das Gefühl, sich während der Zeit im Krankenhaus verändert zu haben.
Sie glaubt nicht mehr, dass nur ihr Wettkampfleben wichtig und aufregend ist. Es gibt so viel mehr!
Zum ersten Mal ahnte sie das an diesem sonnigen Mittag im Eiscafé. Einfach in der Sonne sitzen. Roberto!
War sie krank geworden, damit sie entdeckt, wie vielseitig und einmalig das Leben ist?
Wir trudeln auf diesem Planeten im Weltall!
Franziskas Herz hüpft unter den Rippen, ihr ist, als wäre ihr Brustkorb zu eng geworden.

Zwanzig Minuten später geht die Tür auf und Trixis Großmutter marschiert, erneut beladen mit zwei Plastiktüten, in das Krankenzimmer. Exotische Düfte wabern durch den Raum.

„Ihr werdet euch die Finger lecken. Ich war beim Inder und habe mir von allem etwas einpacken lassen. Sogar Mangolassi haben sie mir abgefüllt."

„Was für ein Lassi? Ich kenne nur Lassie, den Hund", albert Trixi herum und packt die kleinen Aluschälchen auf den Tisch.

Es schmeckt köstlich, süß und scharf zugleich. Franziska mag am liebsten den cremigen Spinat mit den Lotoswurzelbällchen. Trixis Oma legt ein Reklamekärtchen des indischen Restaurants auf den Tisch.

„Tschüssi, Mädels. Ich muss los. Am besten bestellt ihr dort jeden Tag euer Essen. Die liefern auch. Die Rechnung schickt ihr der Krankenhausverwaltung, die für das miese Kantinenessen verantwortlich ist", sagt sie zum Abschied und trägt die Tabletts mit dem unangetasteten Krankenhausessen nach draußen.

„Klar, Omi. Machen wir", ruft Trixi hinterher.

„Werden wir dann ganz schnell entlassen?" fragt sie Franziska und wirft sich mit einem Seufzer aufs Bett.

Sie sieht wieder ganz kaputt aus, stellt Franziska erschrocken fest.

„Bestimmt", antwortet sie und humpelt zu ihrem Bett.

In diesem Moment verspürt sie gar keine große Lust nach Hause zu gehen, stellt sie verwundert fest.

Auch wenn ihr Trixi ziemlich oft auf die Nerven geht, vor allem, wenn sie völlig reglos auf ihrem Bett liegt und keine Antwort gibt: Sie mag Trixi total gerne. Und außerdem: Was machte sie zuhause, wenn sie nicht mehr schwimmen durfte?

10

Franziska fläzt sich auf dem Sofa im Wohnzimmer. Ihre Beine liegen auf dem Glastisch. Ihre Mutter würde durchdrehen, wenn sie das sähe. Sie trägt ihren blauen Jogginganzug mit dem Vereinsabzeichen, stopft Kartoffelchips in sich hinein und zappt sich durch die Fernsehkanäle.
Sie ist mit einer fürchterlichen Laune von der Schule nach Hause gekommen. Nach drei Wochen Krankenhaus fühlte sie sich wie eine Fremde in ihrer Klasse. Sicher, Caro, Tina und Anna hatten sich riesig gefreut und sie zur Begrüßung umarmt und geküsst. Aber in der Pause machte Anna eine blöde Bemerkung über ihr Humpeln. Am liebsten hätte sie ihr eine geknallt.

Nach Schulschluss war sie grußlos nach Hause gefahren.

Auf dem Küchentisch fand sie eine Nachricht ihrer Mutter vor. Sie würde nicht vor 20 Uhr zurück sein, aber sie wollte beim Inder vorbeigehen und Lotoswurzelbällchen mitbringen.

Sechs Stunden Langeweile liegen vor ihr, bevor sie sich die Bettdecke über den Kopf ziehen kann.

Bei Trixi ist dauernd besetzt. Franziska spürt, wie ihr die Tränen kommen. Sonst trainiert sie um diese Zeit.

Stattdessen hockt sie vor der Glotze, mit einem Spezialpflaster auf dem Hintern und darf immer noch nicht ihre Planschbäder im Salzwasser machen.

Sklerodermie, Sklerodermie, hämmert es in ihrem Kopf.

Wann wache ich endlich aus diesem Alptraum auf und bin wieder gesund?

Frau Dr. Mackenroth macht ihr keinerlei Versprechungen. Es kann Jahre dauern bis die Symptome verschwinden, auch wenn es Fälle von Spontanheilung gibt.

Das Telefon läutet. Franziska schnieft, wischt sich die Tränen aus den Augenwinkeln und nimmt den Hörer vom Tisch.

„Hallo?" nuschelt sie.

„Hallo, Franzi. Was ist los mit dir? Heulst du?"

Es ist Caro.

„Ja, verdammt noch mal", schluchzt sie ins Telefon.

Wenn Caro jetzt eine blöde Bemerkung macht, schmeiße

ich das Telefon durchs Fenster!

„Soll ich kommen? Ich könnte ein Musikvideo mitbringen. Oder wir machen Hausaufgaben und gehen anschließend ins Eiscafé. Bist du wegen Annas Bemerkung einfach so abgehauen?"

Franziska seufzt. Ihre Wut verebbt.

„Kann schon sein. Ich habe mich so beschissen gefühlt, so alleine. Ich kann nicht richtig gehen, ich kann nicht mehr schwimmen, ich kann nicht Rad fahren. Ich darf jetzt wieder rollern, ganz toll! Niemand weiß, wie lange das noch so weiter geht. Für meine Mutter bin ich eine Versagerin. Mein Vater bemüht sich, meine Launen zu ertragen und versucht mir mein Geschwisterchen schmackhaft zu machen."

Franziska denkt an die Karte mit dem Ultraschallfoto, dass ihr Vater und Lisa ihr geschickt haben. Sie wollen sogar den Namen mit ihr gemeinsam aussuchen.

„Ich weiß nichts mit meiner Zeit anzufangen, tue mir selbst leid. Und da kommt Anna daher und macht blöde Sprüche. Dass mein Humpeln sexy wäre. Ich hab echt andere Probleme."

„Stimmt. Sie will nicht wahrhaben, dass du ernsthaft krank bist. Krankheit ist bei ihr was für alte Leute. Sie hat nur noch Jungs im Kopf. Ein anderes Thema gibt es gar nicht."

„Als gäbe es nichts anderes auf der Welt, als ständig für irgendeinen Typen zu schwärmen!" stimmt Franziska ihr zu.

„Stehst du … ?" Caro zögert.

Franziska muss plötzlich lachen. Sie hat keine Ahnung weshalb, aber das spielt keine Rolle.

„Ach, egal", stottert Caro verlegen.

„Entschuldige, Caro. Ich weiß nicht warum ich lachen muss. Ob ich jetzt auf Mädchen stehe? Ich glaube nicht. Ich habe mir nie groß Gedanken darüber gemacht. Ich war Schwimmerin und fertig. Noch nicht mal geküsst habe ich."

Sie seufzt. Das Lachen ist ihr schon wieder vergangen.

„Ich weiß weder wer, noch was ich bin."

„Bitte sei nicht beleidigt, aber das klingt irgendwie total aufregend!" meint Caro zaghaft.

„Findest du? Na, ich weiß echt nicht. Sklerodermie, die coole Bindegewebserkrankung. Bringt Chaos in dein Leben."

„So war das nicht gemeint. Aber plötzlich ist nicht mehr alles so festgelegt bei dir. Verstehst du, was ich meine?"

„Meine Ärztin hat auch so was in der Art gesagt. Dass mein Körper sich gewehrt hat gegen das ständige Training. Dass ich gar keine Schwimmerin mehr sein will. Nur, dass ich leider keine Ahnung habe, was ich stattdessen will."

„Kannst du die einfache Frage beantworten, ob ich zu dir kommen soll?"

„Lass mich überlegen", antwortet Franziska mit gezierter Stimme.

Sie nimmt die Beine vom Tisch. Die Biopsiewunde

schmerzt.

„Ich schau mal schnell in meinen Terminkalender. Ja, es könnte passen. Wie wäre es in einer halben Stunde?"

Caro kichert erleichtert.

„Aber selbstverständlich, gnädige Frau."

„Und vergiss das Musikvideo nicht."

„Geht klar. Bis gleich."

11

Franziska beugt sich nach vorne und greift nach der Schachtel mit den Papiertaschentüchern.
Kaum sitze ich fünf Minuten dieser netten Frau Dr. Mackenroth gegenüber, schon flenne ich wieder! Jede Woche aufs Neue.
Sie schnäuzt sich und wischt heftig die Tränen ab.
Wie hält diese Frau das nur mit mir aus?
Sie seufzt und richtet sich ein wenig auf.
"Das Kind, das nie wollte", schaut, wie jeden Donnerstag, zufrieden von der Wand herunter.
„Schwimmen hat deine Tage bestimmt, jede Minute ausgefüllt. Der entstandene Freiraum gähnt dir entgegen. Lass dir Zeit. Du warst drei Wochen hier in der Klinik, musst die Tatsache verkraften, dass die

Sklerodermie dein Leben komplett verändert. Du musst mit der Enttäuschung deiner Mutter umgehen lernen, akzeptieren, dass dein Vater eine neue Familie hat. Sei nicht so streng mit dir. Dieses Rumhängen, wie du es nennst, das ist lediglich eine Phase."

Jetzt habe ich also auch eine Phase. Das muss ich Trixi gleich erzählen.

Die arme Trixi leidet seit zwei Tagen unter ihrer siebten Bettnachbarin. Nächste Woche soll sie endlich entlassen werden, es geht ihr langsam besser.

Wenn sie an Trixi denkt, fühlt sie sich gleich energievoller.

„Ich bin sehr froh, dass die Biopsiewunde endlich abgeheilt ist. Du kannst mit den Salzbädern beginnen. Unser nächstes gemeinsames Ziel ist, dass es dir auch ohne Schwimmen gut geht. Das ist wichtig für den Heilungsprozess. Die Medikamente sind notwendig, aber nicht allein entscheidend. Was tut dir gut, Franziska?"

Frau Dr. Mackenroth trägt die gleiche Bluse wie bei ihrer ersten Begegnung, stellt Franziska fest. Sie schaut ihr, mit ihrem fragenden Gesichtsausdruck, direkt in die Augen.

Was mir gut tut? Das hat mich noch nie jemand gefragt.
Eine einfache Frage, aber wie lautet die Antwort?

Franziska rutscht auf ihrem Sitzreifen etwas nach hinten und lehnt sich an.

Es wäre schön, wenn mein Po sich wieder normal anfühlen und aussehen würde. Wenn ich nicht auf diesem dämlichen

Reifen sitzen müsste. Das würde mir sehr, sehr gut tun!
Sie räuspert sich.
„Die Sonne tut mir gut," sagt sie zögernd.
Wie blöd sich das anhört.
„Und das Rollerfahren. Meine Eltern haben zusammengelegt und mir einen dunkelgrünen Roller mit Ballonreifen gekauft. Radfahren darf und kann ich nicht, und mit diesen kleinen Scootern holpert man so."
„Die Sonne und das Rollerfahren. Schön. Und der Sommer steht vor der Tür."
„Ich habe mir überlegt, dass ich mir eine schöne Strecke aussuche und die jeden Tag mit dem Roller fahre."
Frau Dr. Mackenroth lächelt.
„Keine Angst, das soll kein Training werden. Aber ein bisschen Austoben darf ich mich doch, oder? Vielleicht bin ich dann nicht mehr so schlecht drauf."
„Lockeres Rollerfahren an der frischen Luft, das hört sich gut an. Vor allem, wo du so viel Zeit in Hallenbädern verbracht hast. Aber: Dein Körper sagt dir, was er kann und will."
„Ich werde es nicht übertreiben und mich anschließend ausruhen."
Franziska stöhnt unüberhörbar. Sie fühlt sich wie eine Rentnerin. Nichts übertreiben. Ruhepausen. Ein Tag war so verdammt lange, wenn man nicht schwimmen durfte. Sie liest sogar mittlerweile, um die Zeit zu füllen, nicht nur die Texte für die Schule.
Keine Pokale mehr, keine Medaillen, kein Applaus, nur der

mitleidige und enttäuschte Blick meiner Mutter. Super!
„Schule, Rollerfahren, Ruhe. Das genügt dir nicht, Franziska, oder?"
Nein, da hat sie völlig recht, die liebe Frau Doktor.
„Durch das Schwimmen war ich etwas Besonderes. Jetzt ist alles so normal, so langweilig. Ich wollte immer eine Dawn Fraser werden."
Frau Dr. Mackenroth schaut sie fragend an.
„Dawn Fraser, eine Australierin, hat drei Mal Gold gewonnen. Sie war die erste Frau die 100 Meter Freistil unter einer Minute geschwommen ist. Stimmt schon, meine Mutter hat mich zum Schwimmen gebracht, aber es ist nicht die übliche Klischeegeschichte, in der die hartherzige und ehrgeizige Mutter die Tochter zum Schwimmen zwingt. Es hat mir immer Spaß gemacht. In letzter Zeit weniger!" bricht sie ab.
Franziska lässt ihren Blick durch den Raum wandern und bleibt an Paul Klees Bild hängen.
Mit ruhigerer Stimme sagt sie:
„Vielleicht sollte ich etwas Kreatives versuchen. Ich habe ein gutes Gefühl für Farben. Das hat jedenfalls meine Kunstlehrerin gesagt."
„Das hört sich gut an. Es gibt eine kleine private Kunstschule hier in der Nähe. Im Herbst beginnen die neuen Kurse. Eine Woche vor Semesterbeginn veranstaltet die Schule einen Tag der offenen Tür. Du könntest dir die Sache mal anschauen."
Franziska nickt.
„Gute Idee."

Aber sie spürt, wie der kurze Anflug von Begeisterung wieder verebbt. Das kennt sie schon: Gerade noch klopft ihr Herz heftig vor Aufregung, schon macht sich ein Gefühl der Sinnlosigkeit und eine bleierne Müdigkeit in ihr breit. Das war nichts Neues. Oft freut sie sich riesig auf Etwas, und wenn es näher rückt, ist alle Lust verflogen.

„Du hast den ganzen Sommer Zeit, um dich zu entscheiden. "

Franziska stöhnt auf.

„Schrecklich, diese viele Zeit. Vorher war jede Minute verplant. Damals habe ich mir gewünscht, ich könnte einfach mal ins Kino gehen. Jetzt kann ich nichts mit meiner Zeit anfangen. Dauernd ändert sich meine Laune: Kaum freue ich mich, kippt das Ganze, und ich fange an zu heulen."

Franziska starrt auf ihre Turnschuhe.

„Das wird sich nicht von heute auf morgen ändern, da kann ich mich leider nur wiederholen. Finde nach und nach heraus, was dir gut tut. Vielleicht hilft es, wenn du dir für jeden Tag einen Plan machst. Rollerfahren, Pause, Sitzbad, eine Verabredung, Pause, etwas kochen, und so weiter. Außerdem bist du in der Pubertät, das macht es nicht einfacher."

Bitte jetzt kein Geschwafel über Hormone!

Franziska spürt, wie unangenehm ihr dieses Thema ist.

„In dieser Umbruchzeit sind extreme Stimmungsschwankungen normal, das solltest du wissen. Das Gehirn wird umstrukturiert, man kennt sich auf ein-

mal gar nicht mehr wieder. Das geht vorbei."
Frau Dr. Mackenroth lächelt Franziska aufmunternd zu und schaut auf die Uhr. Die 45 Minuten sind vorüber.
Franziska weiß nicht so recht, ob sie erleichtert ist oder gerne noch geblieben wäre. Beide Gefühle halten sich die Waage.
„Wir sehen uns nächste Woche um die gleiche Zeit, ja?
Ich möchte Dir eine Frage mitgeben: Was muss passiert sein, damit du eines Tages aufstehst und feststellst, dass Du gesund bist?"
Die Frage verwirrt Franziska. Sie richtet sich langsam auf, wirft das völlig zerknüllte Papiertaschentuch in den kleinen Mülleimer neben der Tür und gibt Frau Dr. Mackenroth die Hand.
„Wiedersehen."
„Bis nächste Woche, Franziska."
Frau Dr. Mackenroth schließt die mit grünem Leder gepolsterte Tür hinter ihr.
Franziska schaut den spiegelblanken, langen Krankenhausflur entlang. Sie hält nach einer ruhigen Ecke Ausschau.
Bevor sie Trixi besucht, will sie einen Moment alleine sein. Langsam geht sie, mit dem mittlerweile für sie typischen Hinken, in Richtung Treppenhaus. Die ersten Schritte nach längerem Sitzen fallen ihr besonders schwer.
Sie entdeckt eine Sitzecke mit einer dürren Hydrokulturpflanze und lässt sich vorsichtig auf den Stuhl

sinken.

Was muss passiert sein, damit ich aufwache und gesund bin? War das so eine komische japanische Frage, auf die es keine wirkliche Antwort gab?

Die Frage nagt an ihr, komischerweise ist sämtlicher Katzenjammer wie weggeblasen. Tausend Gedanken schießen durch ihren Kopf, aber der Satz, der immer wieder auftaucht, ist: Ich kann irgendwann wieder ganz gesund sein. Etwas müsste passieren, etwas, das sie selbst in der Hand hatte. Sie wusste nicht was, aber das macht ihr keine Angst. Am liebsten wäre sie in Frau Dr. Mackenroths Raum gestürmt und hätte sie umarmt.

Nach ein paar Minuten steht sie auf. Sie freut sich auf Trixi, hofft, dass es nicht einer dieser Tage ist, an denen Trixi schlecht drauf ist und unansprechbar auf dem Bett liegt.

Als der Aufzug hält und die Tür sich öffnet, steht Trixi in ihrem knallroten Jogginganzug vor ihr. Sie sieht erhitzt aus, hat ein rotes fleckiges Gesicht. Franziska steigt ein und begrüßt sie mit einem Kuss auf die verschwitzte Wange.

„Hallo Humpelstilzchen! Hast du der armen Frau Dr. Macke ein wenig helfen können?"

Offensichtlich ist Trixi allerbester Laune.

„Ich habe ihr vorgeschlagen, dass sie mal gründlich darüber nachdenkt, was ihr guttut und einen Stundenplan aufstellt, damit sie ein wenig Struktur in ihr Leben bringt. Wie geht es dir, Rotfräckchen? Du wirst doch keinen Sport gemacht haben?"

„Du sagst es. Unsere liebe Frau Kettmann hat mich ordentlich auf dem Fahrradergometer schwitzen lassen. Das war meine letzte Hürde vor der Entlassung. Ich habe es geschafft! Kein Fieber mehr nach der Belastung! Aber fertig bin ich trotzdem."
Sie verlassen den Aufzug. Als sie vor Trixis Krankenzimmer ankommen, öffnet Trixi zögerlich die Tür. Sie späht hinein und atmet erleichtert aus, als sie sieht, dass ihre Bettnachbarin nicht da ist.
„Die ist so eine Nervensäge. Dauernd schaut sie dämliche Quasselsendungen und redet selbst auch ohne Ende. Vermutlich raucht sie wieder heimlich. Egal. Ich darf morgen nach Hause. Ich werde mich dort gar nicht mehr zurechtfinden. Kommst du mich besuchen, mein Humpelstilzchen?"
Trixi lässt sich aufs Bett fallen. Franziska wirft ihren Sitzreifen auf den Stuhl, bleibt aber stehen. Ihr ist nach Bewegung zumute.
Komisch, dass ich Trixi nie mehr hier besuchen werde. Ich kenne sie nur in dieser Umgebung.
Plötzlich ist ihr ganz trübsinnig zumute.
„He, ich hab dich was gefragt. Was ist los mit dir?"
„Es ist merkwürdig, dass ich dich nie mehr hier auf dem Bett liegen sehen werde."
„Soll ich den Rest meines Lebens im Krankenhaus verbringen? Diese neue Schwester Anja ist zwar reizend, aber leider nicht an mir interessiert. Du hast mich einsam und allein zurückgelassen. Es gibt keinen Grund mehr zu bleiben."
Franziska fühlt sich ein wenig ertappt. Und Trixis

Schwärmerei für Schwester Anja macht sie mal wieder verlegen.

„Schade, dass wir nicht zusammen wohnen!" sagt Franziska zögernd.

„Daran habe ich auch schon gedacht. Vermutlich würden wir aus lauter Gewohnheit die Betten so aufstellen wie hier."

Franziska muss bei dieser Vorstellung kichern.

„Aber ob du immer Lust hättest, meine Liebesgeschichten zu hören?"

„Und könntest du das Jammern einer verhinderten deutschen Meisterin ertragen?

Trixi setzt sich auf, ihre Augen blitzen.

„Wir könnten bei meiner Oma einziehen, die hat eine Dreizimmerwohnung. Sie wollte sich eine kleinere Wohnung suchen, aber da die Mieten für nette, kleine Apartments genauso hoch sind wie ihre jetzige Miete, wieso sollte sie da umziehen?"

„Meinst du nicht, dass deine Oma viel zu munter für uns Wracks ist? Und wovon wollen wir leben?"

„Ihr Kühlschrank ist immer voller leckerer Sachen."

„Wir könnten ihre Ü-Eier-Schokolade aufessen!"

Sie lachen.

„Hast du überhaupt meine Adresse und meine Telefonnummer?" fällt es Trixi plötzlich ein.

Sie albern noch eine Weile herum. Franziska findet es wunderbar Pläne zu schmieden. Schließlich macht sie sich auf den Heimweg. Heute ist Papatrefftag. Sie wollen Pizza essen gehen.

12

Als Franziska die Haustür aufschließt, brennt im Wohnzimmer Licht. Sie hängt den Hausschlüssel an den Haken, legt ihre grüne Stoffumhängetasche auf den Garderobenschrank und geht zögernd in Richtung Wohnzimmer.
Am liebsten würde sie direkt ins Bett verschwinden. Sie mag ihre Mutter jetzt nicht sehen.
Der Abend mit ihrem Vater ist zwar harmonisch verlaufen, aber sie fühlt sich verspannt und erschöpft. In der Pizzeria umschifften beide heikle Themen, wie zum Beispiel Lisas Schwangerschaft.
Kurz bevor er sie absetzte, hat sie sich einen Ruck gegeben.
„Geht's Lisa gut?" fragte sie und registrierte sein dank-

bares Nicken.

Ihre Mutter schaltet gerade den Fernseher ab, als Franziska den Kopf ins Wohnzimmer steckt. Sie will schnell gute Nacht sagen.

„Na, hatten die Herrschaften einen schönen Abend?"
Franziska hasst diesen sarkastischen Tonfall und in diesem Moment auch ihre Mutter.

„Es war okay. Ich gehe ins Bett. Ich bin müde."
Ich will – verdammt noch mal – meine Ruhe haben.
„Setz dich bitte noch einen Moment. Ich muss etwas mit dir besprechen."

Franziska verzieht das Gesicht, betritt widerwillig den Raum und lässt sich vorsichtig auf das Sofa sinken.

Sie vermeidet schon fast automatisch jede hastige Bewegung; sie will auf keinen Fall wieder in die Hände von Wundschwester Monika geraten.

Ihre Mutter trägt einen altmodischen dunkelblauen Hausanzug, den hat sie noch nie an ihr gemocht. Die Haare sind mit einem Gummiband straff zu einem Pferdeschwanz gebunden, das lässt ihr Gesicht noch abgespannter aussehen.

Vor ihr steht ein fast leeres Glas Rotwein und eine Dose mit Erdnüssen.

Wenn ihre Mutter Erdnüsse in sich reinstopft, stimmt etwas nicht, denkt Franziska und gähnt.

„Meine Firma schickt mich im Herbst für mindestens ein Jahr nach Berlin. Das ist eine Riesenchance für mich. Ich muss mir dort eine Wohnung suchen, mich einarbeiten, und ich werde am Anfang kaum

Zeit haben."
Zeit haben, wofür?
Franziska setzt sich kerzengerade hin, plötzlich ist sie wieder hellwach.
„Das bedeutet, dass ich dich nicht mitnehmen kann. Da ich annehme, dass du nicht bei deinem Vater wohnen willst, wo er gerade seine nächste Kleinfamilie gründet, dachte ich, dass du in einem Internat gut aufgehoben bist. Bei deinem momentanen Zustand kommt das Sportinternat sicher nicht in Frage. Oder besteht etwa Hoffnung, dass du bis zum Herbst wieder fit bist?"
Ich will das nicht hören, schreit es in Franziskas Kopf.
Ihre Mutter greift nach dem Rotweinglas und leert es in einem Zug. Franziska ist für einen kurzen Moment völlig benommen, dann wird ihr heiß, sie zittert am ganzen Körper.
„Ohne mich", schreit sie.
Ihr ist schlecht vor Wut. Am liebsten würde sie ihrer Mutter ins Gesicht schlagen.
In einer einzigen Bewegung fegt sie die Erdnüsse vom Tisch.
„Du ziehst nach Berlin und willst mich in ein Internat abschieben? Weil ich diese beschissene Krankheit habe und du beleidigt bist, weil ich keine Pokale mehr einheimse?"
Franziska versucht aufzuspringen, fällt aber zurück auf das Polster. Sie ist knallrot vor Wut.
Ihre Mutter schaut erschrocken der über den Parkett-

boden rollenden Dose nach. Überall liegen Erdnüsse verstreut.

„Franziska, beruhige dich. Von Abschieben kann keine Rede sein. Du kannst nicht alleine in der Wohnung bleiben."

Einen kurzen Moment sitzen sie sich schweigend gegenüber.

Franziska schaut verbissen auf den Glastisch, sie mag ihre Mutter nicht anschauen.

Als diese wieder anfängt zu sprechen, klingt ihre Stimme sanfter.

„Ich habe Ärger in meiner Abteilung. Es gibt einen Kollegen, der versucht mich zu mobben. Das geht schon seit Monaten so. Wenn ich diese Gelegenheit nutze und nach Berlin gehe, muss ich das nicht mehr ertragen. Franziska, bitte, versteh mich doch. Es hat nichts mit dir zu tun."

Sie seufzt und zieht ihre nackten Füße auf den Sessel.

„Stimmt, ich bin enttäuscht, dass du nicht bei den Meisterschaften mitgemacht hast und ich komme schlecht damit klar, dass du plötzlich krank bist. Du solltest das erreichen, was ich nicht geschafft habe. Ich gönne deinem Vater seine neue Liebe nicht, ich kann mich selbst nicht mehr leiden. Ich bin verbittert, ich habe das Lachen verlernt. Berlin scheint mir ein Rettungsanker zu sein."

„Und ich bin der Hemmschuh", raunzt Franziska.

Die ungewohnte Offenheit ihrer Mutter rührt sie, aber die verletzenden Bemerkungen fahren weiter in ihrem Kopf Karussell.

„Nein, das bist du nicht. Tut mir leid, dass ich meinen Frust an dir ausgelassen habe. Und dass ich Pläne gemacht habe, ohne dich zu fragen. Lass uns die Tage darüber reden. Ich muss mich erst in zwei Wochen entscheiden."

Franziska beugt sich nach vorne und vergräbt ihr Gesicht in den Händen.

Das ist mir alles zu viel! Ich kann nicht mehr. Ich will mein altes Leben zurück.

Nach einer Weile fährt sie sich durch die Haare und schaut zu ihrer Mutter hin.

Sie sieht elend aus, selbst ihre Haare wirken schlapp.

Franziska atmet tief durch und sagt mit fester Stimme:

„Ich will in kein Internat. Ich bin hier in Behandlung, ich habe hier meine Freundinnen. Und Papa. Außerdem möchte ich ab Herbst eine Kunstschule besuchen."

Sie denkt an das Gespräch mit Trixi am Nachmittag. An die Pläne, die sie geschmiedet haben.

„Wir reden die Tage weiter, Franziska. Gehen wir schlafen, ich bin entsetzlich müde."

Ihre Mutter steht auf, kommt auf Franziska zu und hält ihr die Hand hin. Franziska greift danach und lässt sich hoch ziehen.

Die Mutter nimmt sie in die Arme und streichelt ihr den Rücken.

„Wir finden eine Lösung. Schlaf gut, meine Große. Die Erdnüsse kehren wir morgen früh weg."

Franziska nickt, löst sich aus der Umarmung und verschwindet ins Bad Zähne putzen. Der Stimmungsumschwung ihrer Mutter verwirrt sie.

Kaum ist sie endlich alleine in ihrem Zimmer, kommt die ganze Wut zurück. Sie tritt mit Wucht gegen das Regal mit den Pokalen. Es wackelt, aber die Pokale bleiben stehen. Nur, dass jetzt auch noch ihre rechte große Zehe schmerzt.

Ich halte das alles nicht mehr aus!

Die scheißblöde Sklerodermie, hat mir die Schwimmkarriere versaut.

Mein Vater hat eine neue Familie, meine Mutter denkt, dass sie mich einfach in ein Internat stecken kann. Niemals! Das lasse ich nicht mit mir machen!

Schluchzend zieht sie sich aus, streift ihr dunkelrotes Baumwollhemd über, stellt den Wecker, macht das Licht aus und kriecht unter die Decke.

Ihr fällt ein, dass sie ihre Medikamente nicht genommen hat.

Es kotzt mich an, ständig Tabletten zu schlucken.

Sie sieht Tina vor sich, die vorgestern in der Schule ihre Schachtel mit den Antibabypillen herum gezeigt hat.

13

„Mit dem Verlauf deiner Erkrankung bin ich ganz zufrieden", sagt Frau Dr. Mackenroth nach der Untersuchung und einem Blick auf die letzten Laborwerte.
Wie oft habe ich das jetzt schon gehört?
„Ich aber nicht", bricht es aus Franziska heraus.
Etwas Spucke landet auf dem Schreibtisch der Ärztin. Es ist ihr egal.
Sie starrt an die Wand.
„Entschuldige, das hört sich sicher missverständlich an. Natürlich möchtest du wieder völlig gesund sein. Was ich sagen will, ist, dass die Sklerodermie bei dir zu einem Stillstand gekommen ist. Es gibt keine Verschlechterung, das ist bei dieser Erkrankung schon

ein Erfolg."
Frau Dr. Mackenroth legt Franziskas Krankenakte beiseite und verschränkt die Hände.
„Wie ist es dir in den letzten beiden Wochen ergangen? Das letzte Mal hast du mir vom Streit mit deiner Mutter erzählt."
Franziska schluckt schwer und holt Luft.
„Also …," sie stockt und streicht sich eine Haarsträhne zurück. Ihre Haare sind einige Zentimeter gewachsen.
„Meine Mutter hat sich für Berlin entschieden. Ich habe ihr gesagt, dass ich auf keinen Fall in ein Internat gehe. Wir streiten uns ständig deswegen, aber sie hat kapiert, dass ich in meiner Klasse bleiben will. Außerdem lebt mein Vater hier. Und ich möchte bei Ihnen in Behandlung bleiben."
Sie räuspert sich, betrachtet das Poster an der Wand, bevor sie weiter redet.
„Ich habe mir die Kunstschule angesehen, es gab einen Schnuppernachmittag. Ich war in einer Zeichengruppe und habe ein Stillleben von drei Äpfeln in einer Obstschale gezeichnet. Das ist ganz schön geworden. Wenn ich will, kann ich im Herbst anfangen. Die Kursgebühren kann ich aufbringen. Ich habe Geld gespart, und was noch fehlt, wünsche ich mir zum Geburtstag."
Franziska setzt sich aufrecht hin. Sie fühlt sich lebendig, wie schon lange nicht mehr.
Es scheint Jahre her zu sein, dass sie den Landesmeisterschaften entgegen gefiebert hat.

„Du scheinst es kaum erwarten zu können?"
Frau Dr. Mackenroth lächelt.
„Ich finde es aufregend, demnächst auf eine Kunstschule zu gehen. Ich lerne mit Kohle zu skizzieren, Ölmalerei, Holzschnitt, wenn ich will auch Steinbildhauerei. Die Dozenten sind nett. Es sind alles freischaffende Künstler."
„Hast du eine Aufnahmeprüfung machen müssen?"
„Mein Stillleben hat ihnen genügt."
„Meinen Glückwunsch, ich freue mich sehr für dich."
Franziska spürt sofort, dass ihre Ärztin es aufrichtig meint.
Eine warme Welle durchströmt ihren Körper.
„Sicher wirst du dort interessante Menschen kennenlernen", fährt Frau Dr. Mackenroth fort. Und dann: „Hast du noch Verbindung zu deinem Trainer?"
Kann sie hellsehen?
Gerade gestern hat Arnulf Ratzke angerufen. Er hat auf seine witzelnde Art mit ihr geplaudert, aber hat in jeder Sekunde dieses Gesprächs gemerkt, dass er nicht mehr mit ihr rechnet, dass er von ihr enttäuscht ist.
„Mein Trainer hat gestern angerufen und mich zu seiner Geburtstagsparty eingeladen. Er feiert im Vereinslokal. Die anderen haben Grüße ausrichten lassen."
„Wirst du zu der Party gehen?"
Franziska zögert mit der Antwort. Würde sie? Eher nicht. Sie war auch nicht zum Frühlingsfest des Vereins gegangen.

„Ich glaube nicht."
Frau Dr. Mackenroths Augen blicken fragend.
„Seitdem ich nicht mehr schwimme, verbindet uns nichts mehr. Ich habe keine Lust, mich dauernd rechtfertigen zu müssen. Und ich werde das Gefühl nicht los, dass mein Trainer, oder besser Ex-Trainer, sauer auf mich ist. Ich war seine beste Schwimmerin. Jetzt kann er nicht mehr mit mir glänzen."
Franziska klingt aufgebracht.
„Wie ist das für dich?"
„Zuerst habe ich mich als Versagerin gefühlt. Jetzt werde ich eher wütend. Ich erfülle ihre Erwartungen nicht mehr. Ich will es auch nicht mehr. Für die bin ich immer nur die Schwimmerin. Eine andere Franziska kennen sie nicht, … habe ich ja selbst nicht gekannt", setzt sie, nach kurzem Zögern, hinzu.
Kurz darauf ist die Therapiestunde mit Frau Dr. Mackenroth vorüber. Franziska wundert sich immer wieder, wie lange 45 Minuten sein konnten, oder wie schnell sie verflogen.

Franziska steht vor dem Krankenhaus und schaut in den hellblauen Himmel. Keine Wolke weit und breit.
Sie ist mit Caro im Eiscafé verabredet.
Wenigstens habe ich jetzt Zeit für meine Freundin.

Franziska entdeckt Caro von weitem an einem der Außentische.
Sie schaut sich verstohlen um, als sie sich der Terras-

se nähert.

Ob Roberto heute bedient?

Sie kann ihn nirgends entdecken. Caro studiert die Eiskarte und bemerkt Franziska erst, als sie direkt vor ihr steht und einen Schatten auf die Eiskarte wirft.

„Hallo, Franzi."

„Hallo. Bist du schon lange da?"

Franziska setzt sich vorsichtig. Sie ist froh, dass es Sitzkissen gibt. Den Sitzreifen benutzt sie nur noch zuhause.

„Nein, ich bin gerade erst gekommen. Ich weiß nicht, was ich nehmen soll. Bestellst du wieder die übliche Eisschokolade?"

„Ja, mit zwei Kugeln Vanilleeis und Sahne. Hast du schon Mathe gemacht?"

„Nein. Ich habe mich mit meiner Mutter gezofft. Sie stichelte mal wieder, weil ich immer noch keinen Freund habe. Als sie so alt war wie ich, hatte sie natürlich schon zwei Verliebtheiten hinter sich."

„Und wurde von ihrer Mutter als frühreifes Flittchen beschimpft."

Caro lacht zustimmend.

„Genau. Nie kam sie pünktlich nach Hause. Sie nahm heimlich die Pille, die ihr eine ältere Cousine besorgte. Für alle Fälle. Meine Oma ist ausgeflippt, als sie die Packung, bei einer ihrer Stöberaktionen in Mamas Schrank, gefunden hat. Ich wäre das richtige Kind für meine Oma: immer beizeiten daheim … "

„Wir sind so richtige Spätzünderinnen, der Meinung

ist Anna übrigens auch", fällt Franziska ihr ins Wort.
Ein Schatten streift sie.
„Hallo, Spätzünderin."
Franziska hat Trixi nicht kommen sehen. Sie steht direkt vor ihrer Nase und schaut ihr frech in die Augen.
„Oh, ... hallo Trixi. Was machst du denn hier?"
Franziska wird rot vor Verlegenheit. Bisher ist es ihr gelungen, die Freundschaften zu Caro und Trixi auseinander zu halten. Selbst im Krankenhaus sind die beiden sich nie begegnet.
„Ich wollte mal das Eiscafé kennenlernen, in dem man Sklerodermie kriegt, wenn man in der Sonne Eisschokolade trinkt."
Caro kichert und mustert Trixi verstohlen.
Trixi trägt ihren roten Jogginganzug, dazu eine dunkelblaue Kappe, unter die sie ihre Haare gestopft hat.
„Kommst du vom Sport?" fragt Franziska schließlich.
„Genau. Habe mal wieder meine Fitness testen lassen müssen", antwortet sie und lässt sich auf den freien Platz neben Caro fallen.
„Hallo. Du bist bestimmt Caro. Endlich lerne ich dich kennen. Unserer gemeinsamen Freundin hat es wohl die Sprache verschlagen."
Sie guckt Franziska charmant lächelnd an und streckt die Beine lang von sich.
„Falls es dich interessiert: Mit mir geht es aufwärts, zumindest gesundheitlich. Ich habe keine bösen Viren mehr im Blut."
Will sie etwa sitzenbleiben und etwas bestellen? Da habe

ich aber gar keine Lust drauf.
Schon steht die Bedienung am Tisch. Trixi bestellt eine Cola, was Franziskas stumme Frage beantwortet.
Wenn Trixi Franziskas Unmut und Verlegenheit bemerkt, hält sie sich nicht lange damit auf.
„Meine Mutter möchte übrigens, dass ich auch zu so einer Dr. Macke gehe, wie du. Wegen meiner Phase, von der sie, zu Recht, befürchtet, dass sie nicht vergeht", plaudert Trixi munter weiter.
Zu Caro gewandt, erklärt sie:
„Wie dir Franziska bestimmt erzählt hat, stehe ich nämlich auf Mädchen. Liegt sicher an Sharon Stone. Ich habe mal einen Videofilm mit ihr gesehen, so einen uralten Schinken, da hat sie eine Lesbe mit Kinderwunsch gespielt. Ich habe mich sofort in sie verliebt. Seitdem bin ich auf der Suche, habe aber meine Sharon Stone noch nicht gefunden."
Caro hängt fasziniert an Trixis Lippen.
„Also Trixi… ", will Franziska den Redefluss ihrer Freundin unterbrechen, als Caro antwortet:
„Ja, Sharon Stone ist toll. Mittlerweile nicht mehr die Jüngste, trotzdem."
Franziska kann es nicht fassen. Caro ist ihre beste Freundin. Noch nie hat sie von Sharon Stone geschwärmt. Da kommt Trixi daher, und Caro plappert blödes Zeug.
Ist Caro etwa auch an Mädchen interessiert? Das würde so manches erklären.
Franziska wird heiß und kalt. Sie zittert innerlich.

Abrupt steht sie auf. Beinahe schlägt sie der Länge nach hin, weil sie in ihrer Wut vergisst, dass sie sich nicht so bewegen kann wie sie will.

„Ich werde hier doch nicht vermisst", schnaubt sie, schnappt ihren Rucksack und hastet ins Innere des Cafés.

Sie will bezahlen und nichts als verschwinden. Ihre Eisschokolade kann trinken wer will.

Roberto steht, mit dem Rücken zu ihr, an der Espressomaschine und schäumt Milch.

Der hat mir grade noch gefehlt.

Auf keinen Fall will sie jetzt von ihm gesehen werden.

Wohin mit dem Geld, überlegt sie kopflos und lässt aus Versehen eine Münze fallen.

Sie bückt sich. Plötzlich verstummen die zischenden Geräusche. Roberto dreht sich um, stellt eine Tasse Cappuccino auf dem Tresen ab und lächelt sie überrascht an.

Verdammter Mist!

Sie flucht, ist wütend auf sich selbst und die ganze Welt.

„Kann ich dir helfen?"

„Zahlen! Eine Eisschokolade", antwortet sie schroff.

Sie knallt das Geld passend auf die Theke und vermeidet jeden Augenkontakt.

„Scheint nicht gerade der richtige Moment zu sein, aber würdest du mal mit mir ausgehen?"

Er schluckt schwer und räuspert sich.

„Vielleicht ins Kino?"

Verlegen greift er nach einem Tuch. Sie sieht, dass seine Hände leicht zittern.

Sie schüttelt barsch den Kopf, dreht sich abrupt um und verlässt grußlos das Café. Caro steht vor dem Eingang und versucht sie aufzuhalten.

„Franzi, du hast nicht mal deine Eisschokolade getrunken."

„Lass mich bloß in Ruhe."

Sie stößt Caro heftig zur Seite und geht auf den Fahrradständer zu.

Sie fühlt sich von allen im Stich gelassen. Sie will nur weg.

Caro reibt sich den Arm und trottet zum Tisch zurück.

Franziska zerrt ihren Roller aus der Halterung.

„Franziska, was ist denn?" hört sie Trixi rufen, bevor sie um die Ecke biegt.

Sollen sich die beiden Turteltäubchen miteinander amüsieren. Das muss ich nicht haben.

Tränen laufen ihr über das Gesicht, während sie durch die sonnigen Straßen fährt.

14

Zuhause angekommen, verschwindet sie sofort in ihr Zimmer. Sie liegt auf dem Bett – ihren zotteligen Plüschhund im Arm und heult hemmungslos. Bis ihre Augen rotverquollen sind und ihr Kopf sich wie Watte anfühlt.
Das Handy in ihrem Rucksack meldet sich. Eine SMS. Franziska langt mit einem Arm nach dem Rucksack und fischt das Telefon heraus.
Eine Nachricht von Trixi:
Liebste Bettnachbarin, deine Freundin Caro ist sehr nett, aber gar nicht mein Typ! War aber ein toller Abgang, echt filmreif. Bitte ruf mich an. Trixi.
Franziska steht auf und geht in die Küche. Ihre Zunge klebt am Gaumen. Das angenehm wattige Gefühl

ihm Kopf wird von einem bösartigen Pochen abgelöst.

Gerade als sie sich Mineralwasser eingießt, klingelt es an der Wohnungstür. Sie trinkt das Glas in einem Zug aus, schlurft widerwillig zur Eingangstür und schaut durch den Spion.

Es ist Caro. Franziska zögert, öffnet aber schließlich.

„Franzi, was war denn los? Oh, du siehst aber toll aus."

Caro folgt Franziska in die Küche und setzt sich auf einen der hellen Korbstühle.

„Franzi, was war denn los?" äfft Franziska ihre Freundin nach.

„Kaum taucht Trixi auf, da schmachtest du sie an, und ich erfahre so nebenbei, dass du dich für Mädchen interessierst. Ich dachte, wir wären enge Freundinnen. Verdammt noch mal. Ich könnte euch erwürgen."

Franziska lehnt an der Spüle. Ihr Blick ist voller Wut.

„Du bist eifersüchtig?" antwortet Caro und sieht Franziska überrascht an.

Was schaut sie mich so vorwurfsvoll an?

Franziska blafft zurück:

„Wenn schon. Und du lenkst ab."

„Du hast da was in den falschen Hals gekriegt. Nur weil ich Sharon Stone toll finde, bin ich noch lange nicht lesbisch."

Caro stockt und verzieht das Gesicht

„Ich dachte, du hättest nicht diese Schubladen drauf:

die ist lesbisch, die ist dasunddas. Ich mag kein Etikett auf die Stirn geklebt kriegen. Egal, wen ich irgendwann mal liebe."

Sie schweigen. Caro schaut zum Fenster hinaus. Franziska kühlt sich mit dem leeren Wasserglas die Augen.

Es ist mir völlig egal, was Caro ist oder nicht ist: Sie soll nur zu mir halten, meine beste Freundin sein.

„Du hast keinen Grund eifersüchtig zu sein, Franzi. Trixi ist total süß, aber da ist nichts. Abgesehen davon, dass ich bestimmt nicht ihr Typ bin. Außerdem könnte ich auch eifersüchtig sein: Seitdem du diese Krankheit hast und im Krankenhaus warst fängt jeder zweite Satz bei dir mit „Trixi" an."

Vermutlich hat sie recht, überlegt Franziska und fühlt sich ertappt.

Sie löst sich von der Spüle, geht zum Küchentisch und setzt sich auf den anderen Korbstuhl.

„Können wir diesen Film mit Sharon Stone mal gucken?" fragt sie schließlich und grinst Caro aus ihren rotgeweinten Augen an.

Caro grinst zurück. Alles ist gut.

„Klar doch. Falls es den noch irgendwo gibt. Was hast du übrigens mit Roberto gemacht? Der wirkte ziemlich beleidigt, als wir gezahlt haben."

Franziska stöhnt auf.

„Erinnere mich bloß nicht daran! Ich habe alles vergeigt! Er wollte sich mit mir verabreden, aber ich habe ihn ohne Antwort stehen lassen, weil ich so sauer wegen dir und Trixi war."

Sie sieht ihn vor sich, wie er verlegen nach dem Lappen greift.
„Magst du ihn?"
„Keine Ahnung. Vielleicht. Er sieht nett aus, er ist nicht dumm. Aber ich habe elende Angst, wenn ich an eine Verabredung mit ihm denke. Ich weiß gar nicht, was man da so redet. Und dann die bescheuerte Sklerodermie."
Caro grinst schief.
„Du musst ihm doch nicht gleich deinen Po zeigen! Oder?"
„Hahaha. Sehr witzig. Du bist echt die richtige Ratgeberin. Hast selbst keine Ahnung und auch keine beschissene Sklerodermie!" mault Franziska.
„Stimmt. Vielleicht sollten wir einen Flirtkurs besuchen."
„Ja, genau. Es gibt doch heutzutage für alles Kurse, selbst dafür, wie man seinen Kleiderschrank ausmistet. „Wie flirte ich, wenn ich Sklerodermie habe?" "
Franziska steht auf und geht zum Kühlschrank.
„Willst du auch ein Glas Wasser? Oder Orangensaft?"
Caro schüttelt den Kopf.
„Ich muss nach Hause. Weißt du, was ich wirklich glaube?"
Franziska dreht sich um und hebt fragend die Schultern.
„Wenn man richtig verliebt ist, dann läuft alles irgendwie von alleine."
Franziska möchte das gerne glauben, überzeugt ist sie nicht. Aber auf keinen Fall will sie jetzt die Spiel-

verderberin sein.
„Das ist ja beruhigend. Also kein Flirtkurs?"
„Kein Flirtkurs."
Franziska stellt ihr Glas ab und geht auf Caro zu. Sie schließt die Arme um sie und lehnt den Kopf an ihre Schulter. Beide seufzen erleichtert.
Nach einer Weile flüstert Franziska:
„Ich war so eifersüchtig. Ich will dich nicht verlieren. Ich mag Trixi sehr, aber wir beide kennen uns schon so lange. Du sollst immer meine beste Freundin bleiben. Auch wenn wir uns mal verlieben."
Sie kämpft mit den Tränen.
„Du wirst immer meine beste Freundin sein", flüstert Caro zurück.

15

„Franzi, wir sollten aufbrechen. Schau dir den Himmel an, da bricht gleich ein Gewitter los", drängt Caro und stopft ihre Sachen in den Rucksack.
Franziska schaut träge auf. Es herrscht allgemeine Aufbruchstimmung am Baggersee.
Grauschwarze Wolkenungetüme sind ziemlich plötzlich aufgezogen. Die dunkle Wasseroberfläche wirkt bedrohlich.
Sie hat gedöst und den Wetterumschwung gar nicht bemerkt.
„Lass uns ins Venezia fahren. Vielleicht schaffen wir es noch vor dem Regen. Wo bleibt denn Trixi? Sie wollte sich nur mal schnell abkühlen."
Franziska seufzt genervt.

„Ich will nicht ins Venezia. Das weißt du doch genau."

Sie setzt sich auf und hält nach Trixi Ausschau.

Caro gerät bei Gewittern schnell in Panik, aber ohne Trixi können sie nicht los.

Es war Trixis Idee, sich vor den Sommerferien noch mal zu dritt zu treffen.

Schade, dass der gemütliche Nachmittag so abrupt endet.
Es wäre schön bis zum Sonnenuntergang zu bleiben.

„Da kommt sie endlich. Was fuchtelt sie denn so mit den Armen?"

Trixi rennt mit Riesensätzen auf die Buche zu, unter deren riesigen Ästen sie lagern.

Atemlos bleibt sie vor dem Lager aus bunten Handtüchern, Rucksäcken und Trinkflaschen stehen und keucht:

„Franziska, schnell. Da hinten ist gerade ein kleiner Junge von der Luftmatratze gefallen und kann anscheinend nicht schwimmen. So ein Blödmann! Gerade turnte er noch herum, plötzlich ist er verschwunden. Die Rettungsschwimmer sind schon weg. Du musst was tun! Ich bin zu schlapp, ich schaffe das nicht."

Franziska wird ganz starr, ihr Herz beginnt zu hämmern.

Sie ist den ganzen Nachmittag kein einziges Mal im Wasser gewesen. Dämliches Plantschen im Baggersee ist nichts für sie.

„Da hinten, die rote Luftmatratze."

Trixi ist völlig außer Atem.

„Schnell, Franzi, du kannst das."

Caro streckt Franziska den Arm entgegen und zieht sie hoch.

„Du weißt doch, wie schlecht ich schwimme."

Ja, das weiß ich.

Franziska spürt das Adrenalin durch ihren Körper strömen.

Wie früher vor einem Wettkampf.

Schwimme ich mit meiner Sklerodermie schneller als andere? Ich muss es versuchen! Ich darf jetzt nicht kneifen.

Anscheinend hat niemand sonst den Unfall mitgekriegt.

„Wo genau?"

„Da hinten links. Siehst du die rote Luftmatratze?"

Franziska rennt los, stolpert, kann sich aber noch abfangen.

Sie hat das Gefühl nicht vom Fleck zu kommen. Aber schon stürzt sie sich ins Wasser. Die Luftmatratze treibt in zweihundert Meter Entfernung. Den Jungen sieht sie nicht. Sie krault los, schaut immer wieder auf, der Abstand wird kleiner. Sie spürt ihren Körper gar nicht.

Plötzlich ragen zwei dünne Arme in die Luft.

Da ist er! Höchstens noch zehn Meter.

Der Junge ringt nach Luft, hustet.

Geh jetzt bloß nicht unter!

Nach einigen kräftigen Armzügen packt sie ihn von hinten.

„Lass dich hängen, mach gar nichts, ich bringe dich ans Ufer!"

Der Junge lässt sich ziehen. Es ist ein mageres Kerlchen. Franziska ist froh, dass er atmet. Sie ist nicht besonders wild darauf, ihre Erste-Hilfe-Kenntnisse unter Beweis zu stellen.
Am Ufer des kleinen Badestrandes ist eine Gruppe von wenigen Schaulustigen versammelt. Die meisten Badegäste sind schon aufgebrochen. Franziska entdeckt Caro und Trixi unter ihnen.
Ein paar Leute applaudieren, als Franziska den Jungen auf den warmen Sand zieht.
Schwer atmend lässt sie sich daneben fallen.
Ich habe es geschafft.
Ein Glücksgefühl durchströmt sie.
Caro legt ihr liebevoll ein Handtuch um die Schultern.
„Mensch, Franzi. Super."
Mehr bringt sie vor Rührung nicht heraus.
Trixi reicht ihr mit anerkennendem Blick eine Wasserflasche.
„Gleich. Danke. Ich muss erst mal verschnaufen."
Der Junge richtet sich auf und spuckt ordentlich Wasser.
Jemand hüllt ihn in ein blaues Handtuch und massiert ihm den Rücken. Einige Leute zücken ihre Handys und fotografieren Franziska und den Jungen.
Sofort fühlt Franziska sich unwohl. Sie rubbelt ihre Haare und schaut prüfend an sich herunter.
Es ist alles in Ordnung.
Sie trägt den schwarzen Schwimmanzug aus Wettkampftagen, der ihre Oberschenkel bis zur Mitte

bedeckt.
Ihre veränderten Hautpartien braucht niemand zu sehen.
„Lass uns hier verschwinden, sonst kommt am Ende noch ein Zeitungsreporter!" raunt Franziska ihren Freundinnen zu.
„Um den Kleinen kümmern sich schon genügend Leute", stimmt Trixi zu. "Offenbar ist er alleine hier."
„Toll gemacht! Wie schnell Sie geschwommen sind. Sie sind ja die reinste Franziska von Almsick."
Voller Bewunderung klopft ihr ein etwa fünfzigjähriger Mann mit schütterem Haar auf die Schulter.
Franziska kann nicht anders, aber bei der Erwähnung der berühmten Kollegin muss sie laut lachen.
Der Mann geht kopfschüttelnd und mit beleidigter Miene davon.
Plötzlich ist sie voller Zuversicht.
Eines Tages werde ich wieder völlig gesund sein.
Sie hat einen Jungen gerettet, und jetzt will sie essen gehen. Ihr Magen knurrt.
„Können wir irgendwo was essen gehen? Ich bin völlig ausgehungert."
Sie schaut fragend von Caro zu Trixi.
„Wolltest du dich nicht mit Roberto verabreden, bevor die Sommerferien beginnen und alle Welt verreist?" stichelt Caro liebevoll.
„Ja. Ja. Erstens wollte ich mich nur bei ihm entschuldigen und zweitens bestimmt nicht mit euch beiden im Schlepptau. Das kann ich auch morgen noch machen. Also, was ist?"

Trixi schaut auf ihre Armbanduhr.
„Es ist schon nach fünf. Ich habe meiner Oma versprochen, zum Abendessen zu kommen. Vielleicht kommt ihr einfach mit. Wie ich sie kenne, hat sie sowieso wieder für eine Riesengesellschaft gekocht. Ich rufe sie an, sie wird sicher begeistert sein."
Franziska findet es herrlich, noch zwei, drei Stunden mit Caro und Trixi zu verbringen. Sie hat die alte Dame seit ihrer Entlassung aus dem Krankenhaus nicht mehr gesehen.
Ein Abendessen bei Trixis Oma wäre der perfekte Abschluss dieses aufregenden Tages. Ihre Mutter würde nicht vor acht zu Hause sein.
„Tolle Idee. Und du Caro? Du musst Trixis Oma unbedingt kennenlernen."
„Würde ich ja gerne, aber ich muss um sieben zu Hause sein."
„Aber bis dahin sind noch zwei Stunden Zeit. Es ist nicht weit. Mit dem Fahrrad brauchst du anschließend höchstens zehn Minuten bis zu dir."
„Ich bin dabei", stimmt Caro zu.
Sie winken dem geretteten Jungen zum Abschied zu. Er ist wieder bei Atem und hebt zaghaft lächelnd eine Hand.
An der Buche angelangt, unter der sie sich niedergelassen haben, kramt Trixi ihr Mobiltelefon aus dem Rucksack und ruft ihre Oma an.
Der Himmel ist inzwischen schwefelgelb, der Wind treibt Papierfetzen über die Wiese.
„Hallo, Omi. Kann ich Franziska und Caro mit zum

Essen bringen? Franziska hat gerade einen Jungen aus dem Baggersee gefischt und deswegen einen Riesenhunger. ... Skat? Nein, ich glaube nicht. ... Was ist denn ein orientalischer Strudel? Ah, ja. ... Schokoladenkuchen hört sich toll an. Wir sind in einer Viertelstunde da. Tschüssi."

„Will sie mit uns Skat spielen?" fragt Franziska lachend und kommt hinter dem Baum hervor. Ihr ist kalt. Sie ist froh, den nassen, am Körper klebenden Schwimmanzug los zu sein.

Sie trägt ein giftgrünes T-Shirt zu ihren Lieblingsbermudashorts. Sie fühlt sich wohl, so wohl wie schon lange nicht mehr.

„Ja, genau. Frau Braun, eine Dame aus ihrer Skatrunde, hat sich das Bein gebrochen, und Omi hat Entzugserscheinungen. Es gibt einen Spinat-Schafskäse-Strudel und zum Nachtisch ihren berühmten Schokokuchen."

„Beeilen wir uns, bevor das Gewitter loslegt", drängt Caro ihre Freundinnen. Sie wirft Franziska einen kurzen Blick zu und sagte überrascht:

„Du siehst richtig toll aus mit deinen verstrubbelten Haaren."

„Stimmt", meint Trixi. „Du solltest öfter einen Jungen retten, das bekommt dir ausgezeichnet."

„Scheint so", antwortet Franziska glücklich und steigt auf ihren Roller.

Sie denkt an die Sommerferien. Sie wird Caro und Trixi vermissen. Die ersten beiden Wochen will sie mit ihrer Mutter in Berlin verbringen. Anschließend

machen sie weitere zwei Wochen Ferien auf Rügen. Ihre Mutter hat eine kleine Ferienwohnung in einem süßen reetgedeckten Häuschen gemietet. Vier Wochen muss sie ohne ihre liebsten Freundinnen auskommen. Wenn sie nur daran denkt, tut ihr das Herz schon weh. Aber auch Caro und Trixi werden einen Teil der Ferien mit ihren Eltern unterwegs sein.
Ob Roberto den Sommer über in der Stadt bleibt?
Der abenteuerlustige Teil in ihr freut sich auf Berlin. Ihre Mutter hat versprochen jeden Tag etwas Schönes mit ihr zu unternehmen, nicht nur Wohnungen abzuklappern. Und die Fotos auf der Webseite der Pension in Schöneberg, wo sie wohnen werden, sehen total vielversprechend aus. Es gibt sogar eine Dachterrasse, auf der man frühstücken kann.
„Alles klar? Meine Oma wohnt in der Neustädter Straße. Hoffentlich schaffen wir es noch vor dem Regen", sagt Trixi und tritt in die Pedale. Caro und Franziska folgen so schnell sie können.
Kaum sind sie in die Neustädter Straße eingebogen, zucken die ersten Blitze am tiefschwarzen Himmel. Ein Donnerschlag folgt kurz darauf.
„Gerade noch geschafft", meint Trixi schnaufend.
„Wir können unsere Räder und deinen Roller, in den Hausflur stellen."
Oma Senders steht schon in der Wohnungstür und hält sich nicht lange mit Formalitäten auf.
„Hereinspaziert, die Damen. Geht gleich durch ins orientalische Speisezimmer. Trixi, zeig deinen Freundinnen, wo es langgeht."

Das Speisezimmer ist ein großes Altbauzimmer mit einem Erker und Parkettboden. Auf dem Boden in der Mitte liegt eine bunte Decke, und rundherum sind noch buntere Sitzkissen drapiert. Türkisfarbene Teller, Silberbesteck und knallgelbe Stoffservietten und kleine Teegläser runden das Bild ab.
„Wow, sieht das toll aus!"
Caro bleibt vor Staunen fast der Mund offen stehen. Sie ist völlig hingerissen. Franziska weiß, wie spießig es bei Caro zuhause zugeht. Caros Mutter liebt weiße Möbel und ist ständig damit beschäftigt Schmutzspuren zu beseitigen und ihre Kinder aufzufordern, sich die Hände zu waschen.
An einem Platz liegen zwei Kissen übereinander.
„Ich dachte mir, Franziska, dass du noch nicht so gut am Boden sitzen kannst. So ist es vielleicht ein wenig bequemer", schnattert Trixis Oma los.
„Zum Spinatstrudel gibt es frischen Pfefferminztee. Los, los, setzt euch. Ihr habt doch hoffentlich Hunger."
Franziska ist ganz gerührt über so viel liebevolle Rücksicht, umarmt Frau Senders etwas linkisch und ist von ihrer eigenen Spontanität überrascht.

Das Essen ist ein voller Erfolg, und die Zeit vergeht rasend schnell. Franziska lässt sich das Rezept geben und nimmt sich fest vor es demnächst nachzukochen.
Natürlich berichten Trixi und Caro ausführlich, wie Franzi den mageren kleinen Kerl gerettet hat.

„Ich beneide dich um so eine Oma", seufzt Caro, als die Freundinnen sich voneinander verabschieden.
Das Gewitter hat sich verzogen, der Himmel ist schon wieder blau.
Franziska summt irgendeinen Ohrwurm vor sich hin, als sie gemächlich nach Hause fährt. Es ist so schön, dass sie inzwischen mit Caro und Trixi völlig entspannt zusammen sein kann.
Freundinnen fürs Leben.

16

Franziska schaut auf die Uhr. Sie steht am Eingang zur Klinik. In ein paar Minuten beginnt ihre Therapiestunde bei Frau Dr. Mackenroth.
Jetzt oder nie, denkt sie plötzlich und holt tief Luft. Seit zwei Tagen besitzt sie Robertos Handynummer. Sie will ihn auf keinen Fall im Café anrufen und am Ende seinen Vater oder seine Mutter am Apparat haben.
Sie ruft die Nummer auf. Ihre Hand zittert, sie befürchtet keinen Ton heraus zu bekommen.
Hoffentlich muss ich nicht auf die Mailbox sprechen.
Er meldet sich nach dem dritten Klingelton.
„Roberto? Hier ist Franziska. Franziska Beckers. Ich wollte mich entschuldigen wegen … du weißt schon.

Es hatte nichts mit dir zu tun. Das wollte ich dir noch sagen, bevor die Ferien losgehen."

Sie räuspert sich. Ihre Stimme klingt, als wäre sie erkältet.

„Und?"

„Was, und?"

„Du hast meine Frage nicht beantwortet: Gehst du mal mit mir ins Kino?"

„Willst du das echt noch?"

„Natürlich will ich das. Aber was ist mit dir?"

Ja, ja, ich will, aber ich habe solche Angst.

Sie lehnt sich mit dem Rücken an einen Baum, jetzt zittern ihr auch die Knie.

„Weißt du, dass ich nicht mehr schwimme, dass ich so eine blöde Krankheit habe?"

„Ja, mein Bruder hat mir so was erzählt. Tut mir echt leid, Franziska. Ist sicher hart für dich. Aber ... was ist denn nun mit ... uns?"

Seine Stimme klingt weich, ohne jedes aufgesetzte coole Getue.

Uns? Ich hinke, mein Hintern sieht bescheuert aus. Was mache ich hier nur?

„Kino, wäre klasse", stammelt sie schließlich.

„Super."

Es hört sich an, als seufze er vor Erleichterung.

„Aber ich hinke."

„Habe ich schon bemerkt. Erzählst du mir von deiner Krankheit, wenn wir uns treffen? Ich find das blöd, so am Telefon."

Im Hintergrund hört sie eine Espressomaschine zi-

schen. Er war im Venezia.
„Ja, ich auch. Kannst du am Samstag?"
„Samstagabend geht. Nachmittags arbeite ich im Café."
„Ich kann dich dort abholen."
„Gegen sechs Uhr? Du kannst auch früher kommen, dann gebe ich dir eine Eisschokolade aus."
Wie süß von ihm, zu behalten, dass sie Eisschokolade mag.
„Mach ich. Ich muss los. Zu meiner Ärztin. Bis Samstag dann. Ciao."
„Ciao. Bis Samstag."
Ihre Hand ist schweißnass. Das Telefon flutscht ihr fast aus der Hand, als sie es ausmacht. Sie stößt sich vom Baum ab und geht fast leichtfüßig auf den Klinikeingang zu.
Wie eine Königin schwebt sie ihrem letzten Termin vor den Sommerferien entgegen.

„Als Erstes möchte ich dir zu deiner erfolgreichen Rettungsaktion gratulieren, Franziska."
Frau Dr. Mackenroth reicht Franziska zur Begrüßung die Hand. Sie weist, wie immer, auf den Sessel ihr gegenüber und setzt sich lächelnd auf ihren üblichen Platz.
Wie konnte ich nur annehmen, dass Frau Dr. Macke keine Zeitung liest.
Ein Foto von ihr und dem Jungen hatte am nächsten Morgen auf der ersten Seite der Tageszeitung geprangt. In der Schule, in ihrem Wohnhaus, über-

all sprach man sie an, starrte ihr bewundernd nach.
„Danke schön", antwortet Franziska etwas verlegen und setzt sich.

„Wie hast du dich gefühlt, als du dich auf der Titelseite entdeckt hast?"

Das war so eine typische Sportreporter-Frage, geht es Franziska kurz durch den Kopf. Wie haben Sie sich gefühlt, als sie als Erste ins Ziel kamen?

„Na ja. Ich war überrascht, damit hatte ich nicht gerechnet. Aber das Foto hat mir gefallen, und ich war auch ein bisschen stolz. Dass ich ausgerechnet als Schwimmerin in die Zeitung komme, ist schon komisch. Nicht als deutsche Meisterin, aber egal. Als wäre das ganze Training letztendlich doch zu etwas gut gewesen. Meine Mutter war stolz auf mich."

„Das ist schön zu hören. Hattest du körperliche Probleme beim Schwimmen oder danach?"

Franziska weiß noch genau, wie sie an dem besagten Abend hundemüde und glücklich ins Bett gefallen ist. Keine zwei Minuten später war sie eingeschlafen.

„Ich war so auf den zappelnden Jungen konzentriert, dass ich die Sklerodermie völlig vergessen hatte. Hinterher haben sich meine Beine schwer wie Blei angefühlt. Ich bin das erste Mal seit Monaten wieder geschwommen. Aber … das ist mir eigentlich gar nicht wichtig."

Dass der Junge nicht ertrunken ist, nur das war wichtig.
Noch vor wenigen Wochen hat sie sich ausgemalt, wie sie eines Tages, geheilt von der Sklerodermie,

wieder zum Schwimmtraining ginge, wie besonders das für sie wäre. Aber das liegt weit hinter ihr.
„Was ist dir denn wichtig?"
Wie immer schaut ihr Frau Dr. Mackenroth direkt in die Augen.
Heute trägt sie keinen Arztkittel, es ist viel zu warm.
Sie muss beim Frisör gewesen sein. Die Haare sind geschnitten. Ob sie wohl Kinder hat? Was ist ihr wichtig? Sieht sie mir an, dass ich eine Verabredung habe?
„Dass ich rausfinde, was gut und richtig für mich ist, egal wieviel Zeit ich dafür brauche. Ich habe begriffen, dass ich nicht immer alles sofort entscheiden und wissen muss. Ich möchte aufregende Dinge erleben, nicht ständig Angst vor allem Unbekannten haben. Und … und ich will gesund werden."
Franziskas Redeschwall endet mit einem tiefen Seufzer.
Jedes Wort ist aus tiefstem Herzen gekommen.
Schon öfter habe ich das Gleiche gesagt, aber ich habe nichts dabei gefühlt.
Frau Dr. Mackenroth nickt und lächelt.
„Das freut mich, Franziska. Was wir in medizinischer Hinsicht tun können, das tun wir hier. Die Sklerodermie ist zum Stillstand gekommen. Du hast alle Chancen wieder völlig gesund zu werden, du bist auf einem guten Weg. Wann die Symptome sich zurückbilden, das lässt sich nicht vorhersagen, darüber haben wir schon gesprochen. Ich finde, dass du sehr schnell gelernt hast, behutsamer mit dir umzugehen, genau nachzufühlen, was dir gut tut und was

nicht. Dein seelisches Wohlergehen wird zur Heilung beitragen."

Franziska starrt auf die roten Wangen des Kindes auf dem Poster. Sie denkt an Roberto, an seine warme Stimme.

„Im Herbst haben wir hier in der Klinik Ärzte aus China zu Gast. Seit Jahren arbeiten wir sehr erfolgreich zusammen. Ich möchte, dass du Herrn Dr. Wu kennenlernst. Er behandelt die Sklerodermie nach traditionellen, chinesischen Methoden. Wärst du damit einverstanden, wenn ich ihn mit zu Rate ziehe?"

Franziska registriert, dass ihre Ärztin sie fragend anschaut. Sie hat gar nicht richtig zugehört. Irgendwas mit chinesischer Medizin.

Franziska zuckt die Achseln, dann nickt sie verlegen.

„Meine Mutter möchte, dass ich in den zwei Wochen, die ich in Berlin bin, einen Tai Chi-Workshop besuche. Ich wollte erst nicht, aber dann habe ich gelesen, dass Tai Chi eine Art Kampfsport in Zeitlupe ist. Ich möchte es mir mal ansehen."

„Tai Chi ist großartig, ich selbst praktiziere es seit Jahren!" antwortet Frau Dr. Mackenroth mit einem Anflug von Begeisterung.

Das ist die erste persönliche Äußerung von Frau Dr. Mackenroth, seitdem sie ihr, Woche für Woche, auf diesem Stuhl gegenüber sitzt, stellt Franziska überrascht fest.

„Du wirkst abgelenkt. Wie steht es mit dir und deiner Mutter?"

„Ich habe ständig Ärger mit meiner Mutter. Ich frage

mich, wie ich da gesund werden soll?"
Franziska bemerkt, dass die Augen von Frau Dr. Mackenroth vor Vergnügen blitzen.
„Haben deine Freundinnen keinen Ärger mit ihren Müttern?"
Franziska muss lachen. Sie denkt an die Auseinandersetzungen, die Caro, Tina, Anna und Trixi zu Hause haben. Da gibt es fast täglich Tränen, Wutausbrüche, Streit wegen der Klamotten, wegen des Schminkens.
„Doch, ständig. Sie scheinen sich darüber zu freuen, dass ich endlich mit meiner Mutter streite, oder?"
„So würde ich es nicht unbedingt ausdrücken, aber ich freue mich, dass du dich zu einer selbstbewussten, jungen Frau entwickelst. Dazu gehört es eben, dass man eine andere Meinung als die Mutter oder der Vater hat und dies auch aushält. Was macht dir denn momentan am meisten zu schaffen?"
Franziska setzt sich im Sessel auf. Da braucht sie nicht lange nachdenken.
„mich beschäftigt die Frage, wo ich wohnen werde, wenn meine Mutter im Herbst nach Berlin geht. Das Thema Internat ist auf jeden Fall vom Tisch und ich ziehe auch auf keinen Fall mit nach Berlin!"
„Da hast du doch schon sehr viel erreicht. Wie sehen denn deine Wünsche aus, und was stellt sich deine Mutter vor?"
„Am liebsten würde ich mit Caro und Trixi zusammen wohnen. Das erlaubt meine Mutter nicht. Caros Mutter auch nicht. Wir könnten bei Trixis Oma woh-

nen, die hat eine Riesenwohnung. Meine Mutter will, dass ich unter der Woche bei meinem Vater wohne und am Wochenende bei ihr in der jetzigen Wohnung. Die möchte sie auf jeden Fall behalten, falls die Sache mit Berlin schiefläuft. Sie will mich auf keinen Fall alleine in der Wohnung leben lassen."
Wenn ich ehrlich bin, will ich das selbst nicht.
Die Vorstellung, nachts alleine in der Wohnung zu sein, zum Schlafen das Licht auszumachen, im Dunkeln zu liegen, ohne dass jemand nebenan war, ist gruselig, macht ihr Angst.
Trotzdem streite ich mich deswegen ständig mit meiner Mutter und spiele die Erwachsene. So, als wäre das Alleinleben eine Selbstverständlichkeit.
„Was gefällt dir nicht an den Vorschlägen deiner Mutter? Und was meint dein Vater dazu?"
„Da ist bald dieses neue Baby. Da dreht sich doch alles um den kleinen Schreihals. Am Ende sitze ich abends als Babysitter da!"
„Hat dein Vater so etwas vorgeschlagen?"
Franziska spürt, wie sie rot wird.
Eigentlich freut sie sich manchmal sogar auf die kleine Schwester. Hoffentlich ging alles gut. Leonie soll sie heißen. Paps und Lisa sind begeistert von ihrem Namensvorschlag.
„Nein. Er hat vorgeschlagen, ein Mansardenzimmer, das zu seiner Wohnung gehört und zurzeit nur eine Rumpelkammer ist, zu renovieren und für mich herzurichten. Mit eigenem kleinen Bad."
„Wo liegt für dich das Problem?"

Franziska rutscht unbehaglich auf ihrem Stuhl herum.
„Ich weiß es auch nicht. Vielleicht habe ich einfach nur Angst vor der Veränderung. Eigentlich möchte ich Neues erleben, ein aufregendes Leben haben, dann wieder soll sich nichts verändern. Vielleicht bin ich auch eifersüchtig, habe Angst, dass mein Vater die Kleine mehr mag als mich. Dann tue ich mir sehr leid."
„Sicher braucht so ein kleines Wesen viel Zuwendung.
Dein Vater wird so manche schlaflose Nacht haben. Aber glaubst du, dass dies seine Liebe für dich schmälern wird?"
Franziska verzieht fragend das Gesicht und zuckt mit den Schultern.
„Was soll ich denn machen?"
„Vielleicht brauchst du gar nichts zu tun."
„Alles einfach so laufen lassen, meinen Sie? In die Mansarde ziehen, abwarten, wie sich das anlässt?"
„Warum nicht. Wenn es nicht gut läuft, dann muss man eine andere Lösung suchen."
Plötzlich fühlt sich Franziska wie eine Abenteurerin. Sie sieht sich malend in ihrer Mansarde, ihrem eigenen Atelier. Trixi und Caro würden bei ihr übernachten. Ab und zu würde sie nach Berlin fahren, würde sich Ausstellungen ansehen. Vielleicht käme Roberto mal mit nach Berlin.
„Franziska?"
Sie fährt zusammen.

„Oh, ich war in Gedanken."
„Offensichtlich waren das sehr belebende Gedanken. Du wirkst mit einem Mal sehr abenteuerlustig."
Wie klug und aufmerksam Frau Dr. Mackenroth doch ist.
„Ich habe gerade beschlossen, das Leben an mich herankommen zu lassen."
„Nun, dann entlasse ich dich für heute."
Sie steht schwungvoll auf und reicht Franziska die Hand zum Abschied. Franziska hievt sich aus dem Sessel hoch und drückt die kühle, feste Hand ihrer Ärztin.
„Nächste Woche sehen wir uns nochmal, dann beginnen deine Sommerferien. Ich wünsche dir eine gute Zeit."
Am liebsten würde Franziska die zarte grauhaarige Frau umarmen.
„Ja, bis nächste Woche. Danke."
Franziska lächelt Frau Dr. Mackenroth zu und verlässt das Sprechzimmer.

Nachher rufe ich Paps wegen der Mansarde an. Ich will auf jeden Fall die Wandfarben aussuchen!
Und jetzt fahre ins Eiscafé! Wieso bis Samstag warten?
In einer der Glasscheiben am Ausgang betrachtet sie ihr Spiegelbild. Sie lächelt sich an. Sie denkt an Trixis Oma. Sie hat erzählt, dass Yoko Ono das jeden Morgen macht.
Soll gut sein. Ich werde mich ab heute auch jeden Morgen anlächeln.